親の精神疾患とともに生きる子どものレジリエンスを高めるために

家庭、地域、保育・教育現場でできること

アルベルト・レンツ 著　　宮崎直美 訳　　田野中恭子 監修

かもがわ出版

Original title: Kinder psychisch kranker Eltern stärken by Albert Lenz
© 2013 and 2022 by Hogrefe Verlag GmbH & Co. KG; www.hogrefe.com
Japanese translation rights arranged with
Hogrefe Verlag GmbH & Co. KG, Göttingen, Germany
through Tuttle-Mori Agency, Inc., Tokyo

はじめに

「(…) ママがいろいろ説明しようとしてくれたんだけど、頭に入ってこなくて。どんなものなのか、よくわからないんです (…)。病気になったら、お医者さんのところへ行って、そしたらまた元気になりますよね。せいしんしっかんって、びっくりするくらいわかりにくいんです。だって、注射で元気になるっていう感じじゃないし、それに何日かベッドで寝たらまた元気になるってわけでもないから」（女の子、10歳）

　母親がうつ病を患う 10 歳の少女は、このように話してくれました。母親や父親が精神疾患を患うときに、子どもたちがどのようなことを考え、どのような気持ちになるか、この発言からよくわかります。子どもたちは親の行動を理解できず、問題を整理できなくて、不安で混乱しています。

　多くの子どもは、自分のせいで親が問題を抱えているんだと思い込んでいます。たとえば、「ママが悲しくておどおどしているのは、僕がママのことをちゃんとお世話しなかったからだ」とか、「パパに言われたのに、私が生意気で部屋を片づけなかったから。パパがいつも怒って、パニックになったり、すぐにイライラするのは私のせいなんだ」と思い込んでいるのです。子どもは、親が自分の問題でいっぱいいっぱいなせいで、以前のように親が配慮してくれたり気遣ってくれなくなったことに気づきます。親が精神疾患になると、前みたいに親子で一緒に活動したり、週末に外出することがほとんどなくなります。家の中はピリピリして、夫婦喧嘩は増えて、喧嘩の仲裁を親が子どもたちに求めるようになります。精神疾患があると、うるさくて落ち着かない環境に耐えられなくなるので、病気の親はほかの子が家へ遊びに来るのを嫌がります。当事者の子どもたちは、たとえば祖父母、おじやおば、あるいは両親の友人などが、自分の母親や父親を非難したり、あまり家へ遊びに来なくなったり、完全に関係を断つのを目にします。子どもたちは親や家族に対して責任を感じています。それで、料理や掃除などの家事を手伝い、買い物に行き、弟や妹の宿題を手伝ったりすることで、親を助けます。精神疾患の母親が、子どもに家にいてもらいたい、午後に友だちと出か

けたりスポーツをしに行ったりするのを控えてほしいという思いがあるのを感じ取っています。母親や父親がそう言わなくても、子どもたちは家庭内の問題を誰にも話してはいけないと感じています。家庭内でも病気のことは話題にならないので、子どもたちはあえて質問しようとしません。それに、誰に聞いたらいいのかわからないし、悩みを打ち明ける相手もいません。不安で、心配で、困難を抱えたままひとりぼっちでいるのです。

　このようなストレスによって、多くの子どもたちは自身でも精神的な問題を抱えるようになります。精神疾患の親がいる子どもは、親が精神的に健康な子どもよりも、精神面の問題や障害を発症するリスクが高いことがわかっています。彼らの多くは、集中力が低くて落ち着きがなく、学校で問題を起こしたり、不安や抑うつ状態になったり、強い罪悪感があったり、自尊心が低かったり、攻撃的な反応をしたり、すぐに興奮したりする傾向があります。

　とはいえ、さまざまなストレスがかかっているにもかかわらず、すべての子どもが精神障害──とりわけ長期的な精神障害──を発症するわけではありません。多くの子どもたちが直面している困難は本当にさまざまで、病気の親を心配し、孤独を感じ、問題や苦難を自力で乗り越えなければならないなど、いろいろなものがあります。精神的な病気になる子どもの約半数は、一時的に、つまり一定の期間に精神障害（精神疾患）を発症します。そして、そのうちの約3分の1の子どもは長期的に精神障害を発症します。

　精神疾患の親がいる子どもたちのうち、精神的に健康なままだったり、精神障害があっても、それが一時的な子と、病気や障害が長く続く子とを区別するものはいったいなんでしょうか。前者の子どもたちの方に回復力があるのはなぜでしょうか。研究によると、両者の違いは、ストレスにさらされたときに本人を守る役割を果たす個人的、家庭的、社会的な保護因子から来ていることがわかっています。こういった保護因子が、障害を発症するリスクを低くし、ストレスに対する反応が負のスパイラルに陥るのを抑制します。これらの保護因子が、ストレスを受けた子どもの精神的な耐性──心理学ではこれをレジリエンスと呼ぶのですが──を決定的に強めてくれるのです。

　レジリエンス研究の成果は、私たちを勇気づけてくれます。困難な状況にあっても子どもたちがストレスや問題にうまく対処できるように、子どもたちを強くするものはなんなのか、答えてくれるからです。レジリエンスは、

確固たる性格特性でもなければ、生まれながらのものでもなく、気質特性などの子どもの個人的特性と、両親やそのほかの身近な人からの反応（すなわち社会的関係）との相互作用の中で育まれます。それゆえ、周囲の人との社会的関係は、レジリエンスを高めるうえできわめて重要です。

　親は子どもの耐性（つまりレジリエンス）をどのように高めていき、保育園や幼稚園、学校の先生は子どものレジリエンスの強化に対してどうやったら貢献できるのでしょうか。この本ではこういったテーマについて詳しく取り上げています。

　本書の第1章には、精神疾患とそれが及ぼす家族への影響について、基本的な情報を載せています。そして、子ども自身が病気になるリスクと、さまざまなストレス要因——遺伝だけでなく、家庭環境や社会環境——についても論じています。第1章の最後の2つの節では、母親や父親が精神疾患であることが子どもにとってどのような意味をもつのか、また、親自身はどのようにその状況を経験しているかを扱っています。当事者の視点に立ち、彼らの主観的な経験を知ると、ストレスが子どもの発達にどのような影響を与えるか、どのような支援を目指すべきかを、深く理解できます。

　本書の第2章では、精神疾患の親がいる子どもたちを強くするものはなにかというレジリエンスの問題を扱います。ストレスに直面したときに、子どもたちをより強く、たくましくする個人的、家庭的、社会的保護因子を詳しく紹介しています。なかでも、家庭的保護因子が子どもの健全な成長にとって非常に重要であることが、研究から明らかになっています。それゆえ、ここでは保護要因としての家族と、家庭のレジリエンスに注目しました。

　さらに、精神疾患の親がいる子どもにとっての特別な保護因子についても述べています。先ほどの一般的な個人的・家庭的・社会的保護因子に加えて、子どもを守る効果が特にあるのは、家庭の中で病気に対して前向きでオープンな対応をして、親の病気や治療について、子どもの年齢にあわせた情報を伝えたり説明をすることです。子どもたちがどのようにして保護因子を緩衝材として上手に利用したらよいかは、第2章の最後の節で述べます。

　本書の第3章では、レジリエンス研究の知見に基づいて、親が子どものレジリエンスを高める方法について、さまざまなアドバイスやヒントを紹介しています。それらを少し先取りしてご紹介すると、みなさんが親としてできることには、たとえば次のようなものがあります。

・子どもに親密さと情緒的な安心感を与える
・子どもが問題に対処できるようにサポートする
・子どもがほかの人と関われるようにする
・病気について子どもに話す
・子どものことが心配な場合は、すぐに専門家に相談する

　このようなアドバイスやヒントがあったら、みなさんも積極的に行動できるし、子どもが早い段階でストレスや困難に対処できるようなサポートをしやすくなるでしょう。

　保育園や幼稚園、学校の先生というのは、たいてい、何年も、ほぼ毎日子どもたちに寄り添うことで、子どもたちのことを知ることができるものです。そして、それによって、子どもたちの長所や能力だけでなく、短所や問題も把握することができます。そのような日々を積み重ねた結果、幼稚園のグループや学校のクラスで、子どもたちの行動が変化したら、それに気づくことができるのです。本書の第4章では、先生向けに、子どもの行動で特になにに気をつけるべきか、精神疾患がある親とどのように話すべきか、どこで専門家のサポートを受けたらいいか、といった特別なアドバイスを記しています。

新版に寄せて

　この第2版では、第1版を全面的に改訂しました。第2版では最近の新しい学問的知見や関連する専門分野の動向も盛り込んでいます。たとえば、最新のレジリエンス研究は、レジリエンスの根底にあるプロセスとメカニズムに焦点を当てたものになっています。また、ストレスの多い生活環境で、子どもや家族はどのようにしてうまく緩衝材としての保護因子を効果的に活用しているのか、という疑問に対する答えを探す中で、自分自身を内省する力とメンタライゼーションの能力（自分や他者の心の状態を想像する能力）が非常に重要であることもわかってきました。メンタライジングは、自分自身と他者の心の状態を想像することで可能となる基本的な対話能力・コミュニケーション能力だと考えられていて、これによってストレスの多い状況でも適切かつ効果的に保護因子を利用することができます。同時に、メンタライジングを高めることが、外から介入する際の基本的な効果的要因になるといわれることも多いです。このようにして、第2版はレジリエンス研究における新たな知見と発展を踏まえたものになっています。

謝　辞

　貴重な専門的示唆を与えてくれた妻の Dr. シルヴィア・レンツと、長年お世話になっている、本書の監修をしてくださった Hogrefe 出版の心理学士、スザンネ・ヴァイディンガー氏に感謝申し上げます。

ミュンヘン、2021 年 11 月　Prof. Dr. アルベルト・レンツ

訳者より

　この本のタイトルが目にとまった方は、きっと身近に気にかかっているお子さんや親御さんがいらっしゃるか、過去にいらして心に引っかかっているのではないかと思います。親である自分自身が、あるいは配偶者や身近な家族が精神疾患を抱えていて、子どもと思うような関わりができずにしんどい思いをしている、保育士や幼稚園教諭、学校の教員として子どもを見守るなかで、家庭でなにかしら精神疾患に関係する問題がありそうだけど、自分の印象が正しいかわからないし、どうやって声をかけたらいいかわからない、心理士や保健師、精神保健福祉士、スクールカウンセラーなどの専門職として精神疾患のある親や子どもにどのように関わっていけばよいのか参考にしたい、精神疾患の親を支えてきたかつての子どもたちが、大人になってから当時の経験を振り返るときに、この本が助けになるかも、など。きっといろいろな立場、いろいろな経験から、関心を持ってくださったのだと思います。

　そもそも、どうして精神疾患を患う親とともに人生を歩む子どもに支援や説明が必要なのでしょうか。子どもは「わがまま」とは違う意味で、自分中心に世界を見て、自分のまわりで起きる現象を自分自身に結びつけて考えます。そのため、自分のせいで親の調子が悪いのだと思い、罪悪感を覚え、一途に、そして必要以上に頑張ってしまいます。まだ言語化能力が十分でないこともあいまって、自分が感じている不安や心配に思っていることを大人に言葉で訴えるのがむずかしいです。状況を整理できない不安のなかにひとりぼっちでいる子どもに手を差し伸べられるのは私たち大人です。この本にあるように、「子どもの発達にあわせた」、つまり目の前のその子にあった仕方で、その子の大切な人（お父さんやお母さん）が今どのような状態なのか、どうしてか、絵本などを使いながら説明する必要があります。説明することで子どもが感じる不安や罪悪感の鎖を断ち切ることができます。実は、この「説明」というのが、子どもの発達を妨げるリスクの予防にもなりますし、子どものレジリエンスを強めるひとつの要素としてとても重要です。

ドイツで生まれたこの本の日本における意義

　日本では、精神疾患を抱えている親がいる子どもの問題は、近年「ヤングケアラー」の文脈で語られはじめています。ヤングケアラーとは、慢性的な病気や身体障害、精神的な問題などを抱える家族の世話をしている 18 歳までの子どものことです。彼らは大人が担うようなケア責任を引き受け、その負担が大きくなると学校生活や子どもの発達に大きな影響が出ることが知られています。この言葉の発祥の地であるイギリスでは、1980 年代末にこうしたヤングケアラーの存在が知られ、1990 年代初頭から子どもたちの研究・調査・支援が行われています。最近日本でも、イギリスの研究・政策を参考にしながらヤングケアラーを発見し、認知を広め、サポートをしていこうという国レベルでの動きが出ています。イギリス発

の「ヤングケアラー」という考えは特にここ数年、日本社会を大きく動かしていますが、その反面、さまざまな性質の異なるケアをまとめたことによる「ヤングケアラー」という言葉への違和感や、それぞれに必要な支援の違いに直面していくことが予測されます。

　一方、ドイツ語圏の精神医療に目を向けると、臨床の現場から、1970年代末に精神障害者とその家族（ただし配偶者などの大人）との関係が注目されはじめました。1990年代半ばに精神障害者の子どもにスポットがあてられ、支援すべき人に子どもも含むと考えられるようになり、子どもへの支援体制づくりを進めています。このような背景があるドイツ語圏で蓄積してきた研究・実践を、諸外国の活動もふまえアカデミックに、なおかつ専門家だけでなく私のような一般読者にもわかりやすくまとめた現時点で最先端の知見が本書です。日本でも当事者家族や教育機関、支援機関などにとってアイディアを得るヒントになったら嬉しいです。

この本を届けたいところ

　子どもの支援は単独でできるものではありません。各専門の人たちが連携を取っていく必要があります。この本は、当事者家族やその近しい人たちだけではなく、教育関係・行政関係・精神医療関係の専門家に届けたいです。

　子どもが参加している世界は、家庭・学校・地域・習いごとや趣味などと、とても狭いです。このなかで、子どもが長い時間を過ごす幼稚園や学校で先生に気づいてもらうのは重要なことです。ただ、気づいてもらったとしても先生たちは忙しく、助けたいと思ってもその子と家族のために動く時間を作るのは大変な状況です。学校と連携し、適切な支援につなげるのが行政関係の役割になります。もちろん、精神医療の現場も大切な役割を担います。目の前の患者さんが実はお父さん・お母さんで、家に帰ると子どもがいたら、というところまで視野を広げたときに、精神疾患の親とともに生きる子どもの存在が浮かびあがってきます。当事者の親本人だけでなく、家族のメンバーがそれぞれに、さらに家族全体として専門的な支援を受けられるのが理想的です。日本の支援情報に関しては監訳者註と巻末に最新情報を掲載しています。今後ますます、支援体制のネットワークが制度として確立していくことに期待しています。

　今回、この本を翻訳するにあたって、かもがわ出版編集者の天野みかさんに大変お世話になりました。出版に向けて、ともに学び、頭をひねり、熱い想いと未来への希望をもって一緒に取り組んでいただき、心から感謝しております。

　また、田野中恭子先生には監修を快くお引き受けくださり、大変嬉しく、また光栄に思っております。読者が参照できる最新の日本の情報をまとめて載せることができ、ドイツ語を日本語に訳しただけではない、まさに翻訳以上の本になったのは田野中先生の監修のおかげです。

宮崎直美

目　次

装画　市居みか
装幀　土屋みづほ

第1章
私たちが、精神疾患の親と
その子どもについて知るべきこと

1 精神疾患はどれくらいよくあることなのか？

　精神疾患はきわめて一般的なよくある病気のひとつです。ドイツでは成人の約30％、統計によると女性または男性の3人に1人が、1年の間になんらかの精神疾患にかかっていると考えられています★1。精神疾患によって、当事者の生活の質は大きく低下します。また、この病気は、病気の人の家族や身のまわりだけでなく、社会全体にも影響を及ぼします。就業できなくなる最も多い原因は精神疾患ですし、この病気のために仕事を長期欠勤する場合も多いです。また、ドイツでは早期退職の一番の原因となっていて、ほかのさまざまな慢性疾患や身体疾患との相関関係も見られます。

　患者が不安や抑うつ感情などの精神状態に苦しむとき、あるいは幻聴や妄想などを通して現実をとらえるとき、または摂食障害や依存症などで自己制御能力を長期的に失うときに、精神疾患や精神障害とよばれます。また、経験や行動の変化が、重篤な身体疾患を抱えたり愛する人を失ったときに見られる通常の悲嘆反応のように、そのできごとがあったら当然こういう反応になるだろうという理解できる範囲にとどまらない場合も、精神疾患や精神障害と呼ばれます。精神疾患を学問的に明確に定義することはできないのです。症状の重症度、症状がいくつあるか、症状に伴う心理的・社会的障害の程度、その人のパフォーマンスがどの程度低下しているか、症状や障害の持続期間などをもとに、精神疾患かどうかを評価することになります。

　以下では、ドイツにおける精神疾患の分布を見ていきます。ここには精神疾患の罹患率を記載しています。罹患率とは、ある期間における、病気の頻

〔監訳者註：日本のデータ〕

★1　日本の精神障害者数は約615万人、20人に1人に精神障害があります。（厚生労働省、令和2年患者調査）ただし、これは医療機関を受診した人のみのデータです。WHO（世界保健機関）によると生涯のうち4人に1人はなんらかの精神疾患にかかりますが、そのうち3人に2人は受診したことがありません。そのため、実際の精神疾患患者数は報告数より多いと考えられています。

表1：ドイツの人口に対する1年間の精神疾患の割合：連邦健康調査結果
（Deutsche PsychotherapeutenVereinigung e.V., 2020年）

診断	割合
不安障害	15.4%
気分障害	9.8%
物質依存（ニコチン依存症を除く）	5.7%
強迫性障害	3.6%
身体症状症	3.5%
精神病性障害	2.6%
心的外傷後ストレス障害	2.3%
身体疾患（例：がん）に基づく精神障害	1.8%
摂食障害	0.9%

度を示す指標です。表1は、ドイツの成人人口における精神疾患の1年間の罹患率（12か月罹患率）をまとめたものです。精神疾患の中では、不安障害が最も多く、気分障害がそれに続きます。

　不安障害にはさまざまな種類の障害があります。そのなかで共通する特徴は、恐怖反応が現実の危険な体験と結びついたものではなく、不適切に起こり、それを繰り返すことです。もうひとつの特徴としては、対処法として回避行動があることです。不安障害にはさまざまなものがありますが、その違いは不安の内容にあります。たとえば、特定の対象、活動、状況に関連する不安があるのは恐怖症といいます。例として、動物（クモ、ヘビ、犬など）への恐怖、高所恐怖、閉鎖空間への恐怖、公共の場への恐怖、パニック発作への恐怖、人と接する社会的状況や人前でパフォーマンスをする状況への恐怖などがあります。全般性不安障害では、極端な心配や恐怖が障害の主な特徴となります。たとえば、患者は常に緊張を感じ、子どもになにか悪いことが起こるのではないかと心配します。

　気分障害にもまた、さまざまな種類があり、患者の障害の重さは病気の段階によって異なります。気分障害は、抑うつ気分や悲しい気分、興味や喜びの喪失、不眠または睡眠欲求の増大、落ち着きのなさや動作の鈍さ、無価値感、罪悪感、集中力の低下、希死念慮などを特徴としています。いわゆる双極性障害では、抑うつ状態と躁状態が交互に現れます。躁状態では気分が高揚して過敏になり、自尊心が大きくなり、饒舌になったり話したい欲求が抑えられなくなったり、注意散漫になって活発に活動をするようになります。

身体症状症に共通する特徴は、身体の各器官にはっきりした原因が見つからない身体的問題や身体的愁訴があったり、身体的健康に対する強い不安があることです。かつては、心身症や心気症★2もこの文脈で語られていました。身体症状症の主なものは、吐き気、嘔吐、下痢などの消化器症状、協調運動障害、平衡感覚障害、喉がつかえる感じ、また、頭、胃、背中、関節などの痛みの症状などです。これらに加えて、重篤な病気（たとえばがんやエイズ）にかかっているに違いないという恐怖や確信がずっとあります。

　中毒および依存症は、物質関連障害と非物質関連障害があります★3。物質関連障害には、依存症の中で圧倒的に多いアルコール依存症、そして薬物依存症が含まれます。いずれの物質の場合も、乱用と依存は区別します。乱用とは、物質を「有害な」ほど多量に使用し、多量摂取により、仕事上で失敗したり、法律的な問題を起こしたり、パートナーと喧嘩になるなど、さまざまな社会的障害を引き起こします。他方で、依存は、特に物質摂取時にコントロールできなくなり、そして離脱症状があることが特徴です。非物質関連障害には、ギャンブル依存症があります。ほかには、たとえば買い物依存症、インターネット依存症、ゲーム依存症など、なんらかの行動に対して精神的な依存をしていて、それが過剰なものを指します。

　強迫性障害は、特定のことを考えたり、実行したりすることへの強迫観念や衝動があるのが特徴です。強迫観念とは、本人が無意味で大げさだと認識していて、だからこそ自分の考えではないはずなのに、何度も何度も執拗に浮かんでくる考え、思考、衝動のことです。この強迫観念は不安、不快感、嫌悪などの嫌な感情を引き起こします。強迫行為とは、反復的な行動のことで、本人はそれが過剰で無意味な行動だと認識しているにもかかわらず、同じことを何度も何度も繰り返さざるを得なくなることです。強迫行動は、強迫観念によって起きる不安や不快感、嫌悪感を軽減する目的で行うことが多いです。

　統合失調症のような**精神病性障害**は、患者が少なくとも一時的に客観的な現実との接点を失う、重度の精神障害のことです。障害の現れ方は実にさまざまです。病気の急性期には、幻覚や妄想といった症状が出てきます。幻覚

★2　「心気症」は従来の診断。最新の診断基準では「身体症状症」「病気不安症」に分かれます。
★3　DSM-5-TR では「物質関連症群」「非物質関連症群」（DSM-5-TR については 19 ページ参照）

は知覚における錯覚で、客観的に存在する環境から刺激がないのに、あたかもその刺激を受けて主観的に経験しているかのように知覚します。なかでも最も多いのは幻聴で、自分の考えを繰り返す声、自分の行動を説明したり評価したりする声、自分について話したり言い争ったりする声などが聞こえます。また、客観的に見て誤った確信をしていたり、現実を誤認しているのを妄想といいます。よくある妄想の現象には、自分が権力に追われているとか、自分自身の行動や衝動が外からの力によってコントロールされているというものがあります。病気の急性期には幻覚や妄想が症状として表れますが、病気の非急性期には、社会からのひきこもり、意欲の欠如、思考停止、言語能力の低下などがみられます。

　心的外傷後ストレス障害は、トラウマの後に短期的に起こることもあれば、しばらく時間を置いてから起こることもあります。場合によっては、症状が現れるまでに数十年かかることさえあります。典型的な症状は再体験です。つきまとってくるトラウマの記憶、フラッシュバック、悪夢、また、自分の周囲や他者に対する無関心や無気力、トラウマの記憶を呼び起こすような活動や状況を積極的に避けるなどの回避症状などがあります。さらに、睡眠障害、イライラ、集中力の低下、過剰な警戒心、過度にびくびくするなどの症状があります。トラウマを受けた人の多くは、自己イメージや世界観が揺らぎ、長いこと他者を信頼できなくなってしまいます。

　がん、エイズ、リウマチ性疾患や慢性疼痛、多発性硬化症などの神経疾患など、**慢性的な身体疾患**と診断されるのは、患者にとって劇的なできごとです。なぜなら、闘病によってライフスタイルが変化したり、病気が死の危険を伴うこともあるからです。病気に対処するなかで、生活は変化し、治療による精神的なストレスも大きく、気持ちのバランスが崩れることも多いです。たとえば、がんに罹患している人は、常に新しい情報を得て、痛み、化学療法、放射線療法、手術の影響に対処する方法を見つけなければなりません。同時に、その背後には生命への脅威もあります。そのため、がんという病気は個人の精神状態に大きな負担としてのしかかります。その結果、精神疾患——特にうつ病や不安障害——を発症することが多いです。慢性疾患を患う人は、その疾患がどのようなものであっても、特にそのような疾患がない一般人口よりも精神疾患にかかる人がはるかに多いです。

　摂食障害は3つの形態に分けられます。神経性食欲不振症、神経性過食

症、むちゃ食い症です。神経性食欲不振症では、健康的な最低限の体重を維持することさえ拒みます。もう十分に体重が軽いにもかかわらず、本人は低体重だと思っていないので、太りすぎないように常に努力します。体重や体型が、自尊心に過度の影響を与えます。神経性過食症の中心的な特徴は、過食と「むちゃ食い」、そして体重増加のバランスを取ったり体重増加を防いだりするために、嘔吐したり下剤を服用するといった不適切な手段を用いる点にあります。むちゃ食い症では、「むちゃ食い」の状態を繰り返します。限られた時間（たとえば2時間）にものすごい量を食べます。この量は、ふつうの人が同じ時間で消費する量よりはるかに多いです。このむちゃ食いをしている時間は、自分の食行動をコントロールできなくなる感覚になります。この病気では、肥満になることが多いです。

　研究によると、女性は男性よりも精神疾患にかかることが多いです。女性の3人に1人（33.5%）、そして男性の4〜5人に1人（22.1%）が、1年以内に少なくとも1回は精神疾患の診断基準を満たしています★4。精神疾患に罹患した人の約半数は、複数の精神疾患を抱えています。これは併存症と言って、複数の精神疾患を同時に発症します。この併存率も、男性より女性の方が明らかに高いです（女性は50.2%、男性は36.8%）。症状の組み合わせで一番多いものが「不安障害と気分障害」で、これに続いて「複数の不安障害」、「不安障害、気分障害および身体症状症」となっています。

精神疾患にどう対処すればいいか？

　私たちは、病気に自分で対処したり、身近な社会的ネットワークの助けを借りて対処しようとすることが多いです。パートナー、兄弟姉妹、両親、親しい友人などは、急性の危機や病気の局面を和らげてくれたり、楽にしてくれるので、支援の源としてとても大切です。ところが、ときには患者の苦しみがとてもひどく、病気の症状を原因とした感情面・社会面の障害が非常に深刻なため、専門家の助けが必要になることもあります。控えめに見積もっても、精神疾患患者の約25%が治療、つまり専門家の助けを必要としています。ドイツの成人人口の約30%が1年の間になんらかの精神疾患を患っ

★4　日本の精神障害者の男女別の割合は、20歳未満は男性64%、女性37%です。20歳以上は男性41%、女性59%とやや女性が多くなります。（厚生労働省、令和2年患者調査）

ているとすると、約7000万人の成人人口のうち500万人以上の人が、1年間でなんらかの精神療法や精神科治療を必要としていることになります★5。

ところが、残念なことに多くの人は早い段階で専門家の助けを利用していません。問題を抱えているにもかかわらず、精神療法的な治療やカウンセリングを受けようとしない理由として多いのが、病気に対する恥ずかしさです。病気に対する羞恥心は、私たちの社会にある、精神疾患を患う人に対する数々の偏見や固定観念からきています。精神疾患を患う人は、いまだに軽蔑的な目で見られることが多いです。たとえば、「精神障害者は性格が弱い」「精神障害者は危険だ」「精神疾患は神からの罰だ」「精神疾患になるのは本人の責任だ」などと言われます。

学術的には、このような否定的な評価のことをスティグマと呼びます。スティグマが当事者の生活にも具体的な影響を及ぼす場合、たとえば雇用主が精神障害者の就職を拒否したり、家主が入居の申し込みを拒否したりするのは差別です。

精神疾患にかかった人は、こうした否定的な評価を——無意識のうちに——自分自身に向けてしまいます。自分自身に向けたスティグマは、学術的にはセルフスティグマと呼ばれています。多くの人が抱いているステレオタイプ的な思い込みが、「私は性格が弱い」「私はほかの人にとって危険だ」「病気なのは自分のせいだ」といった、自分自身に対する侮蔑的な評価に変わっていきます。こうしたセルフスティグマの深刻な結果として、自尊心が低下したり、自尊心がひどく傷ついたりして、「自分にはほかの人より価値がない」、「自分はなにもできない」と感じるようになります。精神疾患をもつ親はこのようなセルフスティグマによって、自分は子どもに対して必要なケアやサポートを十分にできないダメな母親だ、ダメな父親だ、と感じていることが多いです。

セルフスティグマは自分自身への差別を伴うことさえあります。精神疾患を患う人は、自分はもう人から尊重されるような存在ではないと思い込んでいるため、ほかの人から敬意をもって接してもらうことに期待しなくなります。精神疾患を患う親が、幼稚園や学校の保護者会に行かなくなってしまう

★5　日本では人口の5％、約615万人が精神科を受診しています。実際に精神療法や精神科治療を必要としている人は、もっと多くいると考えられています。★1（13ページ）参照。

のは、そのためです。

　精神疾患が隠され、秘密にされ、否定され、タブー視され、そして本人が治療を受けなかったり、治療が最後の手段になってしまうことが多いのは、セルフスティグマと自分自身への差別意識が大きな理由となっています。

　セルフスティグマと自分自身への差別は、当事者が、社会での偏見が正当なものだと考えるときに起こります。そのため、自分自身の評価を見つめ直し、どのような精神疾患のイメージをもって育ってきたか、自分が病気になる前に精神疾患を患う人についてどのような評価を心の奥底でしていたか、また、もし身近な人があなたの精神的な問題を知ったらどのように反応するか、このようなことを自問自答してみるとよいでしょう。

おすすめ

　信頼できる人に相談したり、自助グループに連絡をしてみてください。自助グループでは、セルフスティグマや自分への差別を実際に体験してきた人たちと出会うことができます。精神疾患を隠す必要はありません。精神疾患はほかの病気と同じように、恥じる必要はありません。誰だって人生の中で精神疾患になる可能性があるのです。

　自分の状況をオープンに話せる相手が何人かいるのは大事です。病気に対してオープンに対応することで、本人は自信をもって、自分自身や当事者であるわが子のために支援を受けやすくなります。多くの経験からも、精神疾患を患う親で、自分自身だけでなく自分の子どものためにも助けを探し、支援を受ける準備ができているのは、自分の病気をうまく受け入れられた人だといえます（精神疾患を患う親の状況については、第1章の6節〔42〜46ページ〕で詳しく述べます）。

　ここでいう、自分の病気を受け入れるというのは、精神疾患であることで

本書の精神疾患の診断名や説明は診断基準である ICD-11（国際疾病分類第11回改訂版）、DSM-5-TR™（米国精神医学会〔APA〕の精神疾患の診断分類第5版 Text Revision）と合ってない表現もありますが、原著の説明をふまえ日本の一般読者が理解しやすい表現としています。
＊参考文献
American Psychiatric Association『DSM-5-TR™ 精神疾患の診断・統計マニュアル』（2023）、日本精神神経学会監修、髙橋三郎・大野裕監訳、医学書院。

自分自身をさげすんだり烙印を押したりしないこと、そしてあきらめたり自分の殻に閉じこもったりしないで、病気に伴う限界を受け入れるということです。

2　親が精神疾患というのは、よくあることなのか？

　さまざまな国際的な研究によると、精神的な病気がある人にも、精神的に健康な人と同程度の割合で子どもがいることがわかっています。ですから、両者の平均的な子どもの数に差はありません。アメリカの研究では、重度の精神疾患を患う女性の半数以上に子どもがいると結論づけています。クリニックで治療を受けている人に目を向けると、ヨーロッパのさまざまな研究では、精神疾患を患う人のうち約30％は未成年の子どもがいる親だという見解で一致しています★6。

　親であっても、必ずしも子どもと同居しているわけではありません。もちろん、同じ住まいで一緒に暮らすかどうかは、親の病気の重症度や病気の性質に左右されます。たとえば、うつ病や不安障害、身体症状症に苦しむ親の大半は、子どもと一緒に暮らしています。調査によると、このような病気の親の約4分の3が未成年の子どもと同居しています。これに対して、統合失調症のような重度の精神病性障害を患う親は様子が異なります。このような精神病を患う親の約60％は、子どもと別々に暮らしています。また、病気の種類にかかわらず、それが母親か父親かで大きな違いが見られます。精神疾患を患う母親は、精神疾患を患う父親よりも、子どもと一緒に暮らしていることが多いです。この違いは、精神病を患う父親と母親の違いにおいて特に顕著に認められます。病気の父親の70％以上が、子どもと別々に暮らしていて、これは母親の場合には50％強となっています。これに加えて特徴的なのは、精神疾患を患う母親の多くがシングルで子どもを育てていることです。

　現在では、精神疾患を患う人のうち子どものいる親はどのくらいいるのか

★6　精神障害者のうち36％が結婚しています。一般人口の既婚者で子どもがいる割合である87％をあてはめて計算すると、精神障害者のうち31％に子どもがいることになります。（内閣府、平成25年度障害者白書／国立社会保障人口問題研究所、2015年出生動向基本調査）

については比較的信頼できるデータがありますが、それでもなお、当事者の子どもの数については推定せざるを得ない状態です。精神障害者の家族の数と割合を合わせて考えると、1年間に精神障害者の親の精神的な病気を経験する子どもは、少なくとも380万人はいると考えられます。一般人口の年齢分布によると、人口全体の約15％は3歳未満の子どもです。つまりここから計算すると、約50万人から60万人の3歳未満の乳幼児が、両親または親のどちらかの精神疾患の影響を受ける当事者だと考えられます。常時、約25万人の子どもたちは、親が精神療法や精神科の治療やケアを受けるという経験をしています。病院の統計を参考にすると、1年間に約17万5000人の子どもが、精神疾患の親が入院して治療を受けるという経験をしていることがわかります★7。1)

　ここまでのお話で、私たちは推計に頼らざるを得ませんでしたが、そうだとしても、精神疾患を患う親がいる子どもは、数のうえで決して少数派ではないといえるでしょう。そして彼らは——成長におけるリスク要因とストレスに関して以下で詳しく説明しますが——、親の病気の影響をさまざまなかたちで受けています。決して少数派とはいえず、実際にさまざまな影響を受けているにもかかわらず、精神疾患の親がいる子どもたちの状況が専門家の目にとまるまでには、長い時間がかかってしまいました。

3　当事者の子ども自身も病気になるリスクは　　どのくらい高いのか？

　精神疾患を患う親の多くは、自分の病気が子どもに遺伝するのではないか、自分の子どもも病気になるのではないかと心配しています。いわゆるリスク研究の結果を見ると、こうした懸念がまったくあたっていないとは言い切れません。精神疾患の親をもつ子どもは、親の病気の影響をさまざまなか

★7　厚生労働省の調査では、小学6年生で6.5％、大学3年生で6.2％がヤングケアラーであることが報告されています。大学生のヤングケアラーのうち、世話をしている人は母親で、その理由は「母親が精神疾患を患っているため」が最も多くなっています。（日本総合研究所、ヤングケアラーの実態に関する調査研究報告書、令和4年）
※1）〜12）は参考文献一覧（158・159ページ）と対応しています。

たちで受けるだけでなく、成長の過程で行動上の問題を起こしたり、自らも精神疾患を患うリスクが著しく高まります。そのため、精神的に健康な親をもつ同じような家庭の子どもよりも、精神疾患の発症率が明らかに高い特別なリスクグループになります。さらに、精神病や気分障害のリスクが高いことが、明確に示されています。[2]

研究によると、一般人口の1％は一生のうちに精神病性障害を発症することがわかっています。精神病性障害の親をもつ子どもは、一般人口と比較したときに、精神病性障害を発症するリスクが10倍以上高くなります。平均すると、当事者の子どもの生涯発病リスクは約13％です。このように、明らかにリスクが高いといえますが、精神病性障害を患う親がいる子どもたちの大多数である約90％の子どもたちは、生涯で同じ病気にかかることがありません。[3]

また、重度の気分障害については、一般人口の生涯発症リスクは約6％です。一般人口と比較した場合、気分障害を患う親がいる子どもの疾病リスクは2倍高くなります★8。[4] しかし、ここでもまた、気分障害の親がいる子どもの大部分については、その人生で自分自身も病気にかからないということになります。

ここまでは、精神病性障害と気分障害を例に、子どもが親と同じ病気になるリスクがどの程度高いかを見てきました。学術的には、これを「特別疾患のリスク」と呼びます。

精神疾患を患う親がいる子どもは、小児期や青年期にほかの精神疾患を発病したり行動上の問題を起こしたりするという研究結果があります。この「一般疾患のリスク」については、あとで気分障害の例を用いて説明します。研究によると、精神的に健康な親の子どもに比べて、気分障害の親の子どもがなんらかの精神疾患を発症するリスクは、約4倍高くなります。[5] 当事者の子どもが発症する精神疾患の種類を見てみると、さまざまな精神的な障害や問題があることがわかります。よく見られる障害には、攻撃性、あるいは社会的引きこもりや対人関係上の距離感の問題といった社会的障害に含まれるもの、また、不安障害、集中力の低下、学校での問題や特別目立つなにか

★8　精神病性障害（症状は15・16ページ参照）のひとつは統合失調症です。一生のうち、統合失調症にかかる人は1％いるとされています。日本では、医療機関を受診している統合失調症患者は88万人います。（厚生労働省、令和2年患者調査）

しらの傾向（罪悪感を覚えやすい）があります。

　精神疾患を患う親がいる子どもたちが病気を発症するリスクが高まるというのは、なにが発症のリスク原因となるのか、という問いにつながります。研究では、因果関係をよりよく理解するために、病気の発症に影響するさまざまな要因が特定されています。この影響要因のひとつは遺伝、もうひとつは環境です。以下では、遺伝と環境がどう病気の発症に関係するのか、という問題を探っていきます。

注 記

　研究では、精神疾患を患う親がいる子どもは、一般人口と比較した場合に、疾病リスクが明らかに高いという結論で一致しています。ただし、これには特別な注意を払う必要があります。

・子どもの一般疾患のリスクが、比較的高いことを考慮しなければいけません。精神疾患の親がいる子どもの約60％が、小児期や青年期に精神的な問題や特異性をもちます。6)

・特別疾患のリスクも子どもの場合は高いです。しかし、ここで強調しなければならないのは、精神病性障害や気分障害を患う親の子どもの大部分は、親と同じ疾患を発症していないということです。精神疾患を発症する子どもの特別な疾病リスクは約10％であり、これは絶対値としては比較的低く、一般人口と比べると明らかに高い数値となっています。

4　ストレス要因
——遺伝と環境はどのような影響を及ぼすのか？

4-1　それは遺伝か？

　先ほど述べたように、子どもの精神疾患の疾病リスクが高いことから、精神疾患は親から子へ遺伝するのか、子どもが精神疾患になるかどうかは遺伝的に決まるのかという疑問が当然出てきます。調査では、遺伝子がさまざまな精神疾患に関与しているという結論で一致しています。養育者の子どもへの影響と実の親からの子どもへの遺伝の影響を見る里親養育交差研究では、

次の2つのグループを比較しています。
・実の親が精神疾患で、現在は精神的に健康な養親のもとで育つ子どもたち
・実の親が健康で、現在は精神疾患の養親と暮らしている子どもたち

　調査の結果、実の親が精神疾患で、精神的に健康な養親の元で育った子どもは、実の親が健康で精神疾患を患う養親の元で育った子どもに比べ、精神疾患と診断されるケースが2倍高いことがわかりました。とはいえ、病気の養親と暮らし、健康な実の親をもつ子どもたちも、一般人口の子どもたちと比較すると、精神疾患と診断されるケースが多かったのです。したがって、子どもたちには病気が遺伝したというわけではなく、精神疾患の親がいる家庭で育ったために、精神疾患にかかる割合が高くなったのだといえます。
　また、一卵性双生児と二卵性双生児の特徴を用いて、遺伝と環境の影響を分析する双生児研究では、一卵性双生児と二卵性双生児における精神障害の発症率を比較します。ある障害の発症率が二卵性双生児よりも一卵性双生児の方が高い場合、その障害は遺伝すると結論づけられます。双生児研究によると、一卵性双生児のうつ病の一致率（双子の一方がある特徴をもっているとき、もうひとりが同じ特徴をもっている割合）は約50％で、二卵性双生児だと約10〜20％となっていることから、二卵性双生児より明らかに高いことがわかっています。[7]
　この研究結果は、精神疾患の発症における遺伝的要因の重要性を物語っています。しかし同時に、遺伝子が、親の病気と子どもの精神的な障害の関係をすべて説明しきっているわけではないことも示しています。このような調査結果を受けて、「すべては遺伝する」し、精神疾患を患う親がいる子どもの成長にはなんの影響を与えることもできないんだ、と落胆するのは早すぎます。調査では、別の方向も示されているのです。科学的な手法を用いて子どもの発達を何年にもわたって追跡した縦断的研究では、遺伝的特性に加えて、家庭環境や社会環境も相互に作用していることが実証されています。遺伝子は、ある特定の生活環境が子どもの成長にネガティブな影響を及ぼすか否かを決定するうえで、重要な役割を果たします。ある程度までは、遺伝子が、環境条件に対する「脆弱性」の度合い、つまりストレスのかかった生活環境に対して子どもがどの程度、敏感で脆弱な反応を示すかを決定します。したがって、遺伝するのは精神疾患そのものではありません。たとえば、う

つ病の親がいる子どもは遺伝的に脆弱なグループに属していますが、だからといってうつ病やほかの精神障害を自動的に発症するわけではありません。しかし、精神的に健康な親がいる子どもよりも、特定の環境条件に対して敏感に反応するようにはなります。そのため、精神疾患を患う親がいる子どもにとっての環境条件は、特に重要です。ストレスの多い環境では、子どもが病気になるリスクは高まります。逆に、環境条件をできるだけストレスの少ないものに整えることができたら、子どもは障害を発症しなかったり、発症したとしても一時的な障害か、より軽いものにとどまります。[1]

注記

　研究によると、精神疾患の発症には、遺伝的要因と環境的要因が密接に影響し合っています。その際に、遺伝的要因と環境的要因はほぼ同じ役割を果たしています。

・特定の環境ストレスに対する脆弱性が低いか高いかは、遺伝子によって決まります。

・精神疾患を発症するかどうかは、ストレスフルな（「傷つく」）環境的要因にさらされているかどうか、また、それにどう対処するかを学んできたかに決定的に左右されます。

　精神疾患の親がいる子どもには遺伝的な脆弱性があります。そのため、ストレスの多い生活環境や環境条件をできるだけ早い段階で軽減し、健康的な発達を促すこと、子どもの個人的なスキルや能力を強化することが特に重要になります。

4-2　どのような家庭環境が子どもの精神的な発達を妨げるか？

　遺伝的要因と環境的要因の相互作用をさらに正確に理解するためには、ストレスの多い家庭環境や環境条件がどういうものなのかを詳しく分析する必要があります。子どもの精神的な発達を損ない、精神障害の発症リスクを高める要因は科学的に数多く特定されていて、なかでも家庭でのストレス要因に関して知ることは特に大切です。それは、親であるあなたにもできる、適切な支援やサポートの出発点となります。家庭でのストレス要因には、子育て、親子関係、夫婦関係があります。[2] 以下ではこの３つを詳しく見ていきます。

子育て

　精神疾患を患う親の多くは、自分の子育てに不安を抱き、自信をもてないでいます。自分には子どもをきちんと育てる能力がないと感じ、病気のせいで子どもに必要なサポートやケアができないことに罪悪感を覚えています。経験上、病気の急性期には、子育てで日常的に求められることに対処する能力が低下し、子どもを支えたり導いたりするのに限界があります。精神疾患を患う親は、子育ての姿勢に一貫性をもてないことが多く、自分の主張を通したり、逆にほどほどにしておくことがむずかしく、不安のせいで過保護になったり、厳しすぎる対応をしたりします。親として子どもを褒めたり認めたりすることによって、子どもの自尊心を高めることがむずかしいこともあります。精神疾患の親は、子育てに求められているさまざまなことに対応しきれていないと感じているため、保育園や幼稚園、学校の先生のような外部の人は子どものことをそう見ていないのに、「うちの子は目立つし扱いにくい」と言うことが多いです。このような子育てにおける問題は、精神疾患の親にだけ特段に見られるわけでなく、早産児がいる親や離婚した親など、ストレスの多い状況にあるほかの親にも見られるものです。

　特に精神疾患を患う親の子育てが、子どもの発達にネガティブな影響を及ぼし、重大なストレス要因になりうることが研究からわかっています。子育ての問題は子どもの成長にネガティブな影響を与えるので、精神疾患を患う親は、適切な支援によって自身の育児スキルを強化し、サポートを得る必要があります（第3章参照）。

親子関係

　親子関係に関する研究の結果、精神疾患を患う親の多くは、特に乳幼児期の子どもとの接し方に特異性を示し、それが部分的には健康な親と明らかに違うという結論に達しています。特に病気の急性期には、精神疾患の親は子どもと触れ合うときにあたたかい心遣いや心を込めて関わることが少なくなる場合が多く、受け身の振る舞いをし、子どもと目を合わせたり微笑んだりするのが少なくなる傾向があります。精神疾患の親は、精神的に健康な親と比べて、子どもとの会話が少なく、スキンシップの回数も少なく、自分のキャパシティーを超えているという思いや自分がストレスを感じていることを表に出す傾向があります。多くの研究で、親が子どものことを敏感に感じ

取る力が低下していることが観察されています。敏感に感じ取る力とは、母親や父親が子どもの表情を察知し、それを正しく理解し、適切かつ即座に反応をする能力のことです。精神疾患を患う親は、子どものシグナルに反応しなかったり、遅れてしか反応できないことが多く、特に病気の急性期には、感情のうえで無反応だったり、心の触れ合いがむずかしかったりします。親は過保護や過干渉な言動と、消極的でさらには無関心な反応とを交互に繰り返すことが多いです。そのため、子どもは事態をますます予測できなくなります。親が自分の欲求のシグナルに応えてくれなかったり、十分ではなかったり、あるいは親が心の支えになってくれたと思ったら、親に拒絶されるという経験を交互に繰り返すと、子どもは親との触れ合いや親密さを求めるのを抑え込んだり、親から思いやってもらいたい気持ちを押し殺したり、逆に注目や親密さを特に強く求めたりするようになります。このような不安定な愛着行動は、精神的な病気になった親の子どもによく見られます。しかし、同じような愛着行動は早産児や発達の遅れがある子どもにも見られます。

　一方、安定した愛着、すなわち「情緒的な」親子の絆は、人間の基本的な欲求であり、子どものポジティブな発達のための中心となる前提条件です。子どもが脅威や苦痛を感じるような状況の中で、親が自分のニーズに対して、信頼できる応答や、理解に満ちた共感的な応答やサポートを長期的にしてくれるという経験をすれば、子どもは社会環境の中で信頼を育み、自分を愛情に値する存在だと考え、肯定的な自己イメージを育んでいきます。情緒面が安定することで、心を開き、好奇心をもって探索行動をしていきます。

夫婦関係

　精神疾患はパートナーとの関係に負担をかけます。研究から、多くのパートナーは病気に関連した心配や不安によって非常にストレスを感じていることがわかっています。病気が長引いたり、急性期を繰り返したりすると、パートナーは家族の将来を心配するようになります。疲労、不安、無気力などで、病気によってこれまでやれていたことに制限が生じるので、少なくとも一時的に、子どもの世話や育児、家事など、家庭での多くの仕事や責任を追加でパートナーが引き受けなければならないことになります。さらに、精神疾患は通常、病気の親が必要とすること、たとえば休養の必要性も変わり、これは日常生活の中で考慮しなければならないため、家族の生活リズム

も変化することが多いです。このような大きな変化やストレスによって、夫婦間で軋轢や衝突が生じやすくなり、家族生活に緊張が走ったりいらだった雰囲気になりやすくなります。

　精神疾患の親がいる家庭では、夫婦関係がむずかしくなることが多いということが研究で示されています。この知見はとても重要です。なぜなら、親の精神疾患そのものとは関係なしに、一般的に、両親の間での緊張や衝突があらゆる子どもの成長にとってストレス要因となり、当事者である子どもの精神疾患のリスクを高めることがさまざまな研究で示されているからです。精神疾患の親がいる子どもは、特に傷つきやすいです。両親の対立に対する子どもの反応は、恐怖、不安、悲しみ、無力感、絶望感、罪悪感だけでなく、攻撃や怒りのことも多いです。

4-3　子どもにとって、個人的な要因は
どのような影響を及ぼしているのだろうか？

　子どもの発達における諸々の障害は、単に親の病気の結果だとみなしてはいけません。むしろ逆の影響要因も考慮しなければなりません。子どもはストレスの多い家庭環境や社会状況に反応するだけではないのです。子どもは、親が子どもの気持ちを察知する敏感さの病気による限界や、両親の間に生まれる緊張や衝突などの影響を受動的に受けるだけではありません。子ども自身がストレスの要因となるものに直面することによっても特異性が生じます。このようにストレスに直面した結果は、家庭でのストレス要因だけでなく、いわば子どもが「もってきたもの」にも左右されます。研究によると、親の精神疾患に対する子どもの反応は、子ども自身の気質によって異なります。「むずかしい気質」の子ども、つまり、気が散りやすくて落ち着きがなく、すぐにイライラした反応をし、新しい状況に適応するのがむずかしい子どもは、親の病気に伴う家庭でのストレスと社会的ストレスの影響を受けやすいです。その際に、子どもが両親に与える影響も常に考慮しなければなりません。たとえば、「むずかしい気質」の子どもは、両親の間の緊張を高め、ひいては親子関係にさらなる負担が生じることもあります。

　気質の特徴に加えて、子どもの年齢と性別も考慮しなければなりません。親が精神疾患の場合、年齢に関係なく、すべての子どもに問題や障害のリス

クが高まることが指摘されています。年齢に関係ないとはいえ、幼児期と思春期は、ストレスが子どもの発達にとりわけ大きな影響を与える年齢です。この時期の子どもは、まだ精神的に十分安定していないうえに、特に思春期には追加で多くの要求や課題に直面するため、自分を守る力が弱くなります。このことは、子どもたちの「脆弱性」を高めているでしょう。

　親の病気に対する子どもの反応には、性別による違いも見られます。たとえば、母親が病気の場合、息子よりも娘の方が精神障害を発症するリスクが高いと考えられています。子どもの年齢も明らかに重要な役割を果たしています。学齢期の男子と思春期の女子は、特にストレスを受けやすく、障害を発症しやすいことがわかっています。

　気質の特徴、年齢、性別は、親の精神疾患の場合だけでなく、たとえば親の別居や離婚の場合にも、子どもが障害やなんらかの特異性を発症するリスクを高めます。

4-4　子どもの発達に影響するほかの重要な要因はなにか？

　家庭環境と子どもの個人的要因に加えて、親の病気が子どもの成長に影響を与えるほかの要因も考慮しなければなりません。経済的な問題や借金、貧困や失業、劣悪な住環境などの社会的ストレス要因が子どもの精神障害のリスクを高めることは、研究から明らかです。精神疾患を患う親のいる家庭では、このようなほかのストレス要因も見受けられることがあります。さらに、すでに述べたような、親の精神疾患を原因としたスティグマや差別、社会的孤立、親族やほかの人からの社会的支援が欠如していたり、あるいは支援が不適切であるといった負担が加わります（第4章の1-5〔141ページ〜〕および1-6〔143ページ〜〕参照）。

　現在の学術的知見では、家庭環境や社会環境に加えて、親の病気の種類や経過が子どもの発達にまったく異なる影響を及ぼす可能性があると考えられています。子どもが病気にかかるリスクは、親の病気の発症、重症度、病気の期間、再発しやすさなど、病気の経過によって異なります。いくつかの研究によると、親の病気が長引けば長引くほど、病気が頻繁に再発すればするほど、また病気が重篤であればあるほど、子どもにとって問題と障害のリスクが高くなります。子どもにとっての主な危険要因は、親の精神疾患の種類

そのものにあるのではないのです。むしろ、病気の経過の特性や、病気に関連した家庭や社会のストレス要因と密接に関係しています。この点については、科学的に十分に立証されています。2)

> **背景知識：負担の蓄積による！**
> 　研究によると、個々のストレス要因はお互いを強めあいます。そのため、親レベル、家族レベル、子どもレベル、社会レベルなどで、複数のストレス要因が重なり合うことが、子どもの成長にとりわけ深刻な影響を及ぼします。つまり、ひとつのストレス要因ではなく、複数のストレス要因が合わさることで、当事者の子どもが障害や特異性を発症する可能性がとても高くなります。それゆえ、親の精神疾患が子どもにとってどの程度のストレスになるかを評価したい場合には、常に家庭環境や社会環境といった状況全体を考慮しなければなりません。

5　子どもは自分の状況をどのように経験しているか？

　研究によると、精神疾患の親がいる子どもは、自身も将来的に精神疾患を患うリスクが高い可能性があり、精神的な障害や特異性につながっていく特別なストレスにさらされています。

　母親や父親が精神疾患に苦しんでいるということは、子どもにとってどんなことを意味しているのでしょうか？　子どもと親は、日常生活のストレスや家庭のストレスを、どう経験しているのでしょうか？　子どもの主観的な見方や経験、困っていることを詳しく知ることで、私たちは、ストレスがどのようにして、どのような要因で精神的な障害や疾患を引き起こしうるか、深く理解することができます。そして、さまざまなプロセスやメカニズムについて深く理解することで、早期支援と適切な支援サービスを開発、提供するための実践的なスタートラインにたどり着くことができます。

　以下で見ていくさまざまな研究は、インタビューによって子どもたちの主観的な体験を質的にとらえ、特別な評価手順を踏んで分析し、パターン化したものです。2) 子どもが自分の状況をどのように受け取り、家庭や社会における日常の中でストレスのかかる経験をどのようにしているのかを、詳しく見ていきましょう。

先行きが見えない

　子どもというのは、病気の親を敏感に観察します。彼らは母親や父親の行動、振る舞い、そして感情表現が病気によって変化したことを正確に感知しています。子どもには精巧なアンテナがあって、母親や父親が落ち着きがないときにすぐ癇癪を起したり、いらだったり、いつもよりたくさん寝たり、よく泣いていたり、自分の殻に閉じこもったり、質問に答えてくれなくなったり神経質になったり、また、自分がひとりでどこかへ行こうとしたときにやたらと過保護に振る舞ったりするのを察知します。子どもは、親が家事をできなくなったこと、常に料理を作ったり部屋をきちんと片づけられないこと、朝起きられなくて、自分は朝食やお弁当なしに学校に行かなければならなくなっていることを心に正確に刻み込んでいるのです。子どもは、親のそういった変化に対して、とても素早く反応することが多いです。

　年齢が上の子どもは、家庭での緊張や対立を避けようとして、おとなしく振る舞い、親に対して慎重に反応し、母親や父親をさらに刺激しないためにできるだけ不満を言わないようにします。長時間、自分の部屋に引きこもって過ごしたり、誰かとの約束を断って家で過ごしたりすることが多いです。これに対して、幼い子どもは親の変化に対して攻撃的な反応を示すことが多く、そうすることで自分にかかっているストレスが大きすぎることを彼らなりに表現しています。

　当事者の子どもたちは、母親や父親がどうしてあのように振る舞うのだろうかと疑問に思っています。子どもは、病気の親の行動と振る舞いの原因がいったいなんなのか、自分なりに結論を出そうとします。病気に関する知識がある子どもは、親の特異な行為は精神疾患の現れだと整理し、理解することができます。ここで重要なのは、子どもが自分の経験を整理したり理解できない場合に、心配と不安を抱え、混乱に陥ってしまうという点です。

　「（…）それで、ママはなにも言わなかったの。そうやって廊下に立っているだけで、ずーっと見て、泣いていたんです。だから、私も、どうしたの？　って聞いたの。ママのことが全然わからなかったし、いったいどうしちゃったんだろうってずっと思っていたから、すごく心配で、それで、私も泣きはじめちゃったんです」（女の子、12歳）

病気に関する知識や理解がないことで心配・不安・混乱が大きくなります。そして、これは病気の親に対する失望や悲しみ、さらには怒りに変化していきます。

・失望や悲しみは、病気の親が子どもの気持ちやニーズに応えられなくなったときに湧き上がります。子どもは、親の病気の急性期に、自分は大事にされていないし、ほったらかしにされ、愛されていないと感じます。

・怒りの気持ちは、親の様子が以前とは違うように見えたり、本来あるべき姿でないように見えるときに湧きあがってきます。

いつもの家庭生活を失う

親の精神疾患によって、家庭生活は混乱に陥ります。身近な観察者である子どもたちは、病気の親の健康状態が悪化していることに気づきます。家庭生活が安定し、調和していた時期は過ぎ、母親や父親がどのように変わったのかに気づくのです。これまで慣れ親しんだ親の情緒反応（なにかに対する反応として表れる感情）や行為、行動が、病気の背後で次第に消えていくように見えます。子どものストレスは、夫婦間の緊張、喧嘩、あからさまな不仲がもとで親の健康状態がさらに悪化することで、より大きくなります。

> 「それで、言ったの。『もうやめて。私はここにいるんだよ。ふたりだけで話したいんだったらそうして。（…）喧嘩するんだったら私をここから出すか、違う部屋へ行って』って。喧嘩の様子とか、そういうの別に知りたくないから。こうでもしないと知らなくちゃいけないし、すごく不安になるの、全部が（…）」（女の子、10歳）

病気の親が母親の場合、母親をサポートして負担を減らしてあげるために、家事を手伝ったり、幼い弟妹の面倒をみたりする子もいます。子どもたちは、こうすることで、母親の状態が悪化するのを防いだり避けたりできるのではないかと期待しているのです。

> 「私たちはよく自分で料理を作ったの。（…）ナシゴレンを作ることが多かったなあ。フライパンに放り込むだけだし。（…）お姉ちゃんはいつも部屋のお掃除をしてたよ」（女の子、9歳）

子どもにとって、母親が入院するときには家庭生活がガラッと変わります。多くの子どもたちは、母親の入院期間をほかの家庭で過ごすことになります。そのため、子どもたちは母親を失って、不安や心もとなさに向き合わざるを得なくなるだけではなく、新しい環境、ほかの人、ほかの家庭のルールや作法の違いに適応していかなければなりません。平日の昼間は、近くの親せきやシッターに面倒をみてもらって、そこの家で過ごし、夜や週末は家で父親に面倒をみてもらうという子もいます。インタビューでは、どんなに小さな子どもでも、積極的に家事をすることで父親の負担を減らすためにどう頑張っているかを、健気に話してくれます。

　入院中は、病気の母親と実際に離れ離れになることへの不安と悲しみでいっぱいになり、母親ともっと長い期間離れることになってしまうのではないかという心配もあります。これまでに何回も母親の入院を経験してきた子は、新たな入院で、病気が悪化して、長いこと母親と離れ離れになってしまうのではないか、母親を本当に失ってしまうのではないかという恐れを抱きます。

　　「ときどきちょっと心配になるし、（…）もっと病気が悪くなっちゃうんじゃないかと思って泣いちゃうの。ずっと、ずーっとママが病院にいなくちゃいけない日が来るかもしれないって思うと」（女の子、7歳）

　退院後の家庭は、気遣いと配慮があって、寛容な雰囲気になることが多いです。子どもは病気の再発への不安から、病気の親に対して、これ以上さらに負担をかけそうなことをできるかぎり避けようとし、批判や不満を言ったり、自分の気持ちを強く表現するのをあきらめます。日々のルーティーンや、親にとって必要な休息に自分を合わせ、自分の欲求や願いを表に出さなくなります。

　　「僕のお兄ちゃんもよく、僕たちはママをもっと助けなきゃいけないって言うんだ。そうしないと、もっといろんなことが起きてしまうって。僕たちには分担があって、この日はお兄ちゃんがこれをやって、この日は僕が、また別の日はほかの兄弟がっていうふうに、ママの負担を減ら

すためにかわりばんこにいろんなことをやってるんだよ」（男の子、12歳）

　特に小さな子どもには、親の病気が家族の共同生活に与える影響から逃れられる可能性がほとんどありません。彼らは、一日の流れが変わり、食事や睡眠の時間が変わり、病気の親が休息を今までよりも強く必要とし、心に不安を抱え、部屋が散らかったまま、ということにじかに向き合っています。思春期の子どもには、夜どこかへ行ったり友だちと会ったりすることで、少なくとも一時的には少し家のことから距離をとったり、はっきり線引きをしたりするチャンスが小さい子どもよりはたくさんあります。他方で、親が、年齢が上の子に対して、サポートをしてほしい、負担を軽くしてほしいとはっきり言う場合も多いです（39ページ以降の「責任の肩代わり」に関する節を参照）。

罪悪感

　子どもは、精神疾患に関する知識がないせいで罪悪感を抱きやすくなる場合が多いです。病気のことが話題に上らないと、子どもは母親や父親の病気の原因について自分なりに推測することになります。こうした子どもの推測は、自分が親にストレスや負担をかけすぎるせいで、精神疾患が発症したり再発したりするんだ、という考えを中心に展開していくことが多いです。そして子どもは、母親や父親が病気の発症につながるようなストレスを感じて過剰な負担を背負っているのは自分のせいだと考えます。自分たち、あるいは兄弟たちが——親のストレスを感じ取っていたにもかかわらず——たとえば母親をまったくサポートしなかったり、あるいはサポートが十分ではなかったり、自分たちとしてもこのくらい必要だろうと考えていたほどには十分に世話をしなかったから病気になったんだ、病気を引き起こす原因は自分なんだと思い、罪悪感を覚えます。

　　「私は、私たちが嫌がって家のことをなにもしようとしなかったから、あれがはじまっちゃったんだと思います。（…）そう。それとか、買い物。買い物はママがいつもひとりでしなくちゃいけなかったし、ママはいろんなことを全部ひとりでしなくちゃいけなかったから、ママがちょっとかわいそうだなと思っていました」（女の子、13歳）

特に小さな子どもは、このやっかいな罪悪感の問題を自分の悪い行いと結びつけて考えることが多いです。それで、多くの子どもたちは、自分たちが悪かったから、言うことを聞かなかったから、大きな声で騒いだり、はしゃぎまわったりしたから、母親や父親が病気なんだと思い込んでしまうのです。

　思春期の子どもの場合は、家族や病気の親から離れ、距離を取ることで、罪悪感を覚える場合が多いです。線引きをしたり距離を取ったりするときに、親をあからさまに攻撃的に拒絶したり見下したりすることがよくあります。彼らは、母親や父親は変で、おかしくて、バカだと思い、病気を家族全体の汚点だと思います。はじめは親のことを激しく拒絶したり見下したりしますが、やがてそれが病気の親に対する罪悪感や、自分は親に対して「ずるかった」「焦りすぎた」という自責の念に変わっていくことがよくあります。そして、無力感や自暴自棄とともに、羞恥心、悲しみ、絶望、深い同情で心がいっぱいになります。

　子どもが罪悪感を抱くのは、病気の親にとって特に辛いことです。そもそも親は、子どもを罪悪感から解放し、守らなければと感じています。このような気持ちに加えて、大きな不安と子どもに対する親としての罪悪感が重なります。自分の病気のせいで子どもが家庭で十分なサポートやケアを受けられていないと思い込んでいることが多いからです。

自分も精神疾患になるのではないかという不安

　年齢が上の子どもや青年は、自分自身のこと、将来のことや自分の人生設計についていろいろ考えます。彼らは、病気の親、家庭生活や弟妹たちに対する病気の影響に関して、重点的に取り組むことになります。振り切るようにして家のことから距離を取ろうとしても、彼らの気持ちや考えはとても密接に病気の親と家族に「絡まっている」のです。病気の親と家族のことをとても心配し、そして、将来自分に病気の母親や病気の父親と似た問題が出てくるおそれがどのくらいあるのか、という問題で悩んでいます。年齢が上の子どもたちの多くは、自分自身も病気になるかもしれないという不安に駆り立てられています。彼らは病気の親をつぶさに観察し、病気の親と似ているところを見つけると、それを怖いと思います。同じ身振り手振り、反応、思

考プロセスを見つけ、それが自分も後に病気になる最初の兆候だとすぐさま思います。たとえば、17歳の子は、うつ病を患う父親と同じように、自分も思いつめがちだということに時間が経つとともに気づき、「ショックを受けた」とインタビューで語っています。

> 「私の父がそうなら、家族の誰かしらも父とまったく同じようになる可能性がありますから。もしかしたら、兄が私かもしれません。なにかを知っておくのはすごくいいことだと思うんです」（女の子、17歳）

　年上の子どもや青年は、適切に表現したり、自分の気持ちや考えを言葉で表現する言語化能力は確かにあるといえるでしょう。しかし、それでもたまに言葉に詰まってしまうことがあります。正面切って質問することを恐れ、オープンに自分の気持ちや考えについて話すのをためらい、自分が立てた推測と仮説をひとりで抱え込むことで、不安や不確実さがさらに膨れ上がります。若者がよく見るインターネットからの情報も、親の病気を理解して自分自身の不安を小さくするには十分ではないのです。

タブー視──沈黙の掟とコミュニケーションの禁止

　病気のことをオープンに語る家庭は少ないです。羞恥心や、子どもに過度な負担をかけて傷つけてしまう恐れから、親は本格的な沈黙の掟を家庭に導入し、家庭はこの掟に支配されます。病気の母親は子どもたちと話そうとし、自分自身の性格や反応、認識や行動の変化について説明しようとする傾向にもあります。

> 「そう、それでママは、ストレスがすごいからもうちょっとお休みが必要なんだって。それにときどき変なことを考えちゃうって言ってた。でもそれ以上僕にはなにも言ってくれなかったんだ」（男の子、11歳）

　親は子どもや家族にきちんと対応できず、家のことも全然できなくなったり、あるいはたまにしかできなくなったりすることで罪悪感や恥ずかしい気持ちを抱き、そのためにオープンな会話ができなくなることが多いです。特に健康な方の親が、病気のことをあいまいにする傾向にあります。健康な方

の親は、たとえば、この問題は一時的なものだとか、今だけのことだとか、あるいは仕事や祖母の介護による特別な負担に対する反応——「ストレス」によるもの——だ、といった言いまわしをする傾向があります。こういった言い方をする背景には、子どもを傷つけてしまうかもしれないという不安に加え、子どもが病気の親を軽蔑したり、精神疾患について知ったら自分の殻に閉じこもってしまうかもしれないという恐れも隠れているでしょう。

　子どもは一見すると、親の病気について全然詳しく知りたがっていないかのように見えることが多いです。病気の親の行動に不安やいらだちを感じ、家庭内の対立が激化したとしても、子どもは気を使って質問するのを避け、自分の反応でもってうまく会話をほかの話題に変えることまでやってのけます。このような子どもの行動の背後には罪悪感が隠れている可能性があります。子どもは、自分が「悪かった」から、または「正しく」振る舞わなかったから親が病気になったのだと思い込んでいるので、病気について、そして病気と結びついているさまざまな状況について聞くのを避けたがります。また、子どもは、親自身が病気と向き合い、病気について話すのをむずかしく思っているのを感じ取ってもいます。自分はなにも知りたくないんだ、というふうに見せることによって、ある意味で子どもは親を守っていますが、そのせいで子ども自身は心配や苦難を抱え、状況をなにも理解できないままひとりぼっちで取り残されてしまうのです。

　家庭での沈黙の掟は家庭外にも向けられます。多くの家庭には、精神疾患とそれが家庭生活にどんな影響を及ぼしているかについて、外部の人に話すこと、コミュニケーションを取ることを禁止する風潮があります。

　　「そうなの。ママは、私がこのことを学校でほかの人に話してほしくないんだって。みんなに知られるのは嫌なんだって」（女の子、8歳）

　親は、子どもや家族や自分自身が見下されたり、拒否されたり、排除されることから守るために、多かれ少なかれコミュニケーションの禁止を言い渡します。母親や父親の病気が知られると、社会環境の中で子どもたち自身が見下されたり排除されたりする経験をすることが多いです。子どもたちは、仲がいい友人グループの中でさえ、誰かがこっそりと、あるいははっきりと、病気の親に対して軽蔑的なことを言っているのを耳にすることがありま

す。子どもはそのことに傷つき、屈辱感と疎外感を覚え、病気の親や家族についてこれ以上話を広げないようにするのです。

> 「でも、よくわからないんですけど、私の母親だし、いい人だから、誰かが母のことをひどく言うのは嫌なんです」（女の子、16歳）

　家族内での沈黙の掟とコミュニケーションの禁止によって、精神疾患は家族のメンバーが共有する秘密という性格を持つことになり、この秘密は外部からはなにも、少なくともほとんど知ることが許されなくなります。いや、そもそも家庭の中でさえ、このテーマは隠され、慎重に言い換えられたりします。その結果、適切な言葉を見つけられなくなっていき、親の病気を表現するための言葉を失ってしまいます。誰かに打ち明けること、家族以外の人に頼ることは、裏切り行為だと受け取られます。子どもは沈黙の掟やコミュニケーションの禁止を守らなければならないという親に対する義務感、精神疾患の母親や父親がいるという羞恥心や社会の中で見下される体験、そして誰かに話すことができたらいいのにという思いの間で葛藤しています。

社会的孤立
　家庭内での沈黙の掟とコミュニケーションの禁止によって、子どもは家族以外の身近な人との信頼に満ちた親密な関係を失ってしまいます。誰に尋ねたらいいかわからないし、自分が見たことや問題について話せる人がひとりもいないことがよくあります。身近な人が友人関係を築きたいと思ってくれていても、会話の一つひとつを病気の親や家族全体への裏切りのように感じてしまい、その人の気持ちに応えられないことがあります。問題や気になっていることを家の外にもち出したくないので、誰かに理解してもらうことで安心感を得る機会を失ってしまいます。家庭内での沈黙の掟によって、子どもは、病気の親の状況や、自分の心配していることや困ったことを表すのに必要な適切な言葉をもたないまま過ごすことになります。
　病気の母親や父親がおかしな振る舞いをするかもしれないし、親の調子が悪いと部屋だって片づいていないので、同級生に対して恥ずかしいからという理由で、自分の殻に閉じこもる子もいます。なにかが外に漏れるかもしれないという心配から、ほかの子を家に招待しなくなり、それでたちまちよそ

者のようになってしまいます。その結果、自分自身も友だちの家に招待されなくなり、仲間の中で自分のポジションを失い、自分の存在を認知してもらえなくなります。

責任の肩代わり

　子どもは病気の母親や父親、そして家族全体に対して責任を感じています。家族の将来についての悩み、そして病気の悪化に対する不安から、家庭の中の仕事を引き受けることで親の負担が軽くなるように頑張ります。たとえば、掃除、料理、洗濯などの家事をしたり、弟妹の面倒をみたり、彼らの宿題を手伝ったりします。それだけではなく、親が薬をきちんと服用できるようにサポートしたり、定期的に病気の母親や父親と一緒に散歩にいくことで、日々のルーティーンを組み立ててあげるなど、病気の親のために責任までも肩代わりします。

　　「お姉ちゃんと私で、お母さんから減らせる家事は減らしています。ゴ

ミを出したり、買い物にいったり。お姉ちゃんは部屋の掃除と洗濯をします。お母さんの調子が悪いときはもっといろんなことを私たちでやっています」（女の子、12歳）

もっと年齢が上になると、いろいろな家事だけでなく、家事のことから小さな弟妹の教育のような生活全般に対する責任、そしてさらには家計のことにまで責任を負うことが多くなります。

「ええ、そうですねえ、だんだんそうなっていったんですけど、ママができなくなったことを私が自動的に引き継いだだけです。ママの調子が悪いときは、買い物に行くだけではなくて、役所で話したり、銀行に行ったり、そういうことを全部やります。3、4年くらいこんな感じです。今度は引っ越しでこの家から出て行かなくてはいけないので、同じような感じで、新しい家を探すというのが今の課題です」（少女、18歳）

家庭内の仕事や親の役割を子どもが引き受けることにより、子どもは病気の親を安心させてサポートをし、年齢に関係なく重要な決断について相談できるパートナーの代理のような役割か、あるいは両親の間に立ってある種の「お世話役」になるか、このどちらかの役割に陥ることが多いです。子どもはその際に仲裁役や審判役となって、両親の関係が今後も続いていくように支えます。精神疾患の親がいる家庭では、親が夫婦喧嘩をするために夫婦間にいつも緊張が走っていることが多く、子どもはそれを何度も仲裁し、仲直りさせようとします。子どもは、両親の間で引き裂かれる思いをし、解決しようのない葛藤を抱えていることが多いです。なぜなら、子どもは、どちらの親に対しても相談相手でありたいし、ふたりのことを思いやりを持ってケアしたいと思っているからです。共感力が高いと、子どもは慰め係、仲裁係、相談係など、ひとり何役もこなすことさえあります。「才能ある」子どもは、親からの微妙で細かいシグナルを感じ取る感覚、つまり「嗅覚」を発達させ、親のニーズを直感的に察知することを学びます。

どちらかの親のためにパートナーの代理の役割を引き受け、そして／または親の間に立って「お世話役」を引き受けたりするのは子どもにとって過酷なことです。子どもが自分のニーズを両親のニーズ、もしくはどちらかの親

のニーズよりも下に位置づけて自分のことを後まわしにする危険や、さらには自分自身の成長を犠牲にする危険があります。どんなに努力しても、決して最終的には親の希望や期待を満たしてあげることはできないのに。

　親子関係における責任の肩代わりが定着すると、子どもが精神的に自分を親から切り離したり、子ども自身が成長したりすることができなくなってしまいます。親の役割、親の機能を肩代わりするのは子ども時代を失うことを意味します。親に背負わされた期待という重荷を背負い、子どもらしい無邪気さ、自発性、活発さを失ってしまいます。当事者の子どもは、ふだんから気持ちが沈み込みがちで、まじめで控えめで早熟に見えるのですが、それは疑似的なもので、責任を負いすぎています。また、罪悪感に苦しんでいることも多いです。彼らは常に、十分に自分の役割を果たせなかったという気持ちでいます。多くの場合、子どもたちは、家庭内での立場に起因する、自分は力を持っているんだ、特別な存在なんだという全能感と、それなのに要求や期待に応えられていないという無力感の間で引き裂かれています。

　ところで、家事や役割を引き受けるのは、子どもにとってそれ自体が悪いことではありません。悪いことにならない場合の前提となるのは、一方では子どもが家事や役割を引き受けていることが家庭内で親にしっかり認識され、評価されていること、他方では子どもが家事や役割に完全に支配されていないことです。子どもの努力が評価され、同時に子どもが自身のニーズを見つけて追求するのを親にサポートしてもらえるなら、家庭内で責任を引き受けることは間違いなく成長にプラスに働くでしょう。

　「なにかを自分の手で解決しなければならないので、自立しました。母親の具合が悪くて、でもどうしてなのか理由がわからないときは、なにかをしてあげたい、洗い物をしてあげたい、料理をしてあげたいと思います。全部うまくやりたいと思うから、それで母親が元気になると思うから、いろんなことをするのは当たり前です（…）。この年齢で、もうたくさんのことを経験しているので、ほかの人とはかなり違った考え方をするようになりました（…）。ものごとを自分で解決しなければならないので、理性的で真面目になるんだと思います」（女の子、15歳）

　子どもは家庭の中で責任をもつことによって、自信をもち、思いやりや共

感力などの社会性を身につけることができます。家事や弟妹の世話にとどまり、親の話し相手や慰め役、相談相手に陥らないのであれば、責任を負うことは子どもの成長によい影響を与えるというのが研究で明らかになっています。親の相談相手などの役割を担うのは、子どもには過度な負担となり、健やかな成長を損なうことになります。

6　精神疾患を患う親は自分の状況を どのように経験しているか？

　精神疾患を患う親は、父親や母親としての役割をうまく果たせていないと感じています。親は、自分の健康状態が悪化し、子どもに対して十分なことをしてあげられていないと感じるとき、これはできていたいという自分への要求と、現実にはそこまでできない自分の限界の間で悩むことになります。2)

　ほかの親と同じように、精神疾患がある親も、子どもにとってよき親でありたいと思うし、自分自身に責任をもつことで人としての強さと支えを得たいと思っています。その一方で、病気によって、自分が不完全な存在だという気持ちや、子どもの将来への不安、失敗や喪失への恐れを感じていることが多いです。

親であることがエネルギーの源となる
　精神的に健康な親と同じように、精神疾患を患う親にとっても、親であることは、誇らしく、幸せで、愛されている、愛おしいといった基本的な感情、親密さ、誰かに必要とされること、世話ができること、責任を負うといった経験と結びついています。研究によると、親であることは、通常、意味があるという気持ちとはっきり結びついています。つまり、子育ては時間とエネルギーを費やし、努力し、義務を負う価値がある、人生に求める事柄のひとつだと考えられています。子どもたちのケア、サポート、保護には、あらゆる努力が必要で、要求されることも多いにもかかわらず、自分の行動によってなにがしかの変化をもたらすことができるため、喜んでかなえたい、なによりも歓迎すべき挑戦です。

親であることが親に個人的な強さ、安定、そして自信、心の支えをもたらすのは明らかで、それはその人が精神的に健康か病気かによりません。精神疾患の親にとって、子どもは特に強力な心の支えとなることが多く、それを失ってしまうことが健康状態の悪化や、さらには精神的危機の引き金となることがあります。ある精神疾患の母親は次のように語ってくれました。

> 「もしうちの子が里親のところへ行ったら、私はこれ以上責任を持たなくていいかもしれません。失業中の私には少なくとも、子どもを育てないといけないし、毎日子どものためにそばにいなければいけないという責任があります。でも、もし里親のところへ行ったら……私は責任がなくなるわけです。でも、きっと自分ひとりではそこから抜け出せなくなってしまうような深い穴に落ちてしまうんだろうと思います」

　病気の親は、子どもに対する責任から生じる義務や、幼稚園や学校などの日常生活における定期的な触れ合いや、そこで一緒に行う活動から活力を得ています。そして、親が育児の課題を克服したり、家族の負担を軽減するのに成功するとき、精神疾患を患う母親が次のように発言しているように、自尊心は高まり、自分の行動に意義があるのだという気持ちが強くなります。

> 「わが子の小学校の入学式を前にしたとき、いえ、そもそも学齢期の子どもがいるという状況を前にしたときに、ときめきがありました。本当に私はこんなに大きくなるまで子どもの面倒をみてきたのでしょうか？　子どもに必要なことを全部してあげられているでしょうか？　学校の手伝いとかも？　私は自分自身に驚いていて。本当に人って課題とともに成長していくものなんですね！」

　このようなことを通して、子どもたちにとって安心や信頼の気持ちをもつことができる家族との経験空間ができあがっていきます。
　危機や病気の急性期には、親が子どもにサポートや支援を求めることがあります。子どもは敏感にアンテナをのばし、母親や父親の健康状態を素早く察知します。そして、病気の親の行動や情緒反応の変化を正確に把握し、家事を担ったり話し相手としての役割を引き受けます。ある精神疾患の母親

は、この状況を次のように話してくれました。

> 「このことについては、娘と少し話しています。どこかであの子のこと
> が必要なんです。ときどき、私がとても悲しいときは、あの子が私に
> とって少し支えになってくれているんです。私がひどく落ち込んでいて
> も、あの子は、私がなにか破滅的なことをしないための支えになってく
> れています」

　子どもが病気の親の支えとなり拠りどころとなっているのが、次第に慰め
係、ケア係、相談相手の役割へと移行すると、子どもには精神的に過大な負
担を強いる危険が生じてしまいます（第1章の5節〔30ページ〜〕を参照）。

親であることが負担の源となる

　親であるという強さの源は、不安、心配、そして罪の意識に覆われてしま
うことが多いです。特に、病気の急性期には親としての役割に押しつぶさ
れ、同時に自分自身を責めてしまいます。精神疾患を患う親は、自分はひど
い母親だ、ひどい父親だという気持ちになります。このような、自分は不出
来だという感情は、特に入院中の母親が感じていることが多いです。入院に
よって母親は保護者としての役割を休み、子どもの面倒をみられなくなるの
で、子どもが感じているストレスや問題についての責任は自分にあると考え
ています。さらに、自分の病気が子どもの成長に対して長期に渡って悪い影
響を及ぼすのを恐れてもいます。自分の子どもと長いこと離れてしまうのを
避けるために、多くの母親たちは入院期間を短縮しようとしたり、入院治療
を自主的に早く切り上げたりします。

　多くの病気の親は、育児能力が全般的、または一時的に低くなることに気
づいています。子どもに対して必要な気遣いをしたり、精神的に寄り添うの
がむずかしくなったり、また、なにかをやり遂げたり限界を設けたり、子ど
もを十分に助けたり励ましたりするのが思うようにいっていないことに気づ
くのです。ときには病気の急性期や危機的な時期に、子どもを放置したり、
身体的にしいたげたり傷つけたりしてしまう心配が出てくることがありま
す。特に精神病性障害をもつ親は、精神病が深刻な段階では、自分の子ども
を奇妙な発言や行動によって怖がらせてしまったり、さらには自分が子ども

にとって危険な存在となってしまうのではないかという心配について話して
くれています。ある統合失調症を患う母親はこう言いました。

> 「それで、子どもになにかしてしまうんじゃないかとすごく不安だと、
> お医者さんにも話しました。緊張したり興奮したりしました。あらゆ
> ることが手に負えなくて、ただひたすら叫びまわりました。そのときは
> コントロールを失ってなにかひどいことをしてしまいそうで、本当に怖
> かったです」

　病気の親にとって、親権を奪われて子どもを失うかもしれないという不安
は特別なストレスです。この不安は、調査からわかる通り、非常に現実的な
ものです。ドイツでは親権停止の事例が年間約6000件あり、そのうち少な
くとも3分の1は親の精神疾患が原因であることが判明しています。子ども
を取り上げられてしまうかもしれないという不安によって、精神疾患の親は
どうしても、子どものために支援を求めることに二の足を踏み、慎重になっ
てしまいます。親権を失うのを恐れたり、自分の意思に反して子どもに対し
てなんらかの措置が取られるのを恐れるがゆえに、助けを求めない精神障害
者も少なくないと考えられています。このような子どもを喪失するかもしれ
ない不安に加えて、教育・心理の専門家やマスコミが大げさに問題にするこ
とが引き金となり、精神障害者の育児能力については世間からの誹謗中傷や
スティグマがあります。
　精神疾患をもつ親にとって、さらに負担の源となっていることは、子ども
の成長に関する心配です。多くの親は、子どもが自分の病気のせいで苦しん
でいることに気づいています。研究によると、病気の親のうち80％の人が、
病気や入院治療は子どもにとって負担になると考えています。大部分の親
は、子どもが精神的に負担を抱えているだろうと推測しています。親は、自
分の子どもに情緒面の問題、目立った行動、多動性などがあるのを見ていま
す。このように、自分の病気によるストレスで、子どもが精神的な特異性を
発症するのではないかと考える点では、病気の親が母親か父親かにはほとん
ど差はありません。子どもの発達に関する懸念は親の性別に関係なく、精神
疾患の親にとって一般的な心配ごとであるのは明らかです。そこには、「遺
伝」の問題、そして子どもたちが自分たちと同じように病気になるかもしれ

ないという不安が混ざり込んでいます。遺伝についての問題は情報が不十分
で、これが多くの場合はストレスになり、罪悪感や自己批判を引き起こすこ
とがあります。自身の精神病と親としての自覚という２つの側面があること
で、患者には深い葛藤が生じます。特に、治療にあたっている医師やセラピ
ストが子どものことを聞いてこず、治療の際に自分の子どものことまで十分
に考慮されていないと思うときに、患者は孤独を感じます。

第2章
レジリエンス
──精神疾患の親がいる子どもを
強めるものはなにか？

　これまで見てきたように、子どもは、親の精神的な病気をさまざまなかたちで経験し、ストレスを感じています。このストレスは、子ども時代に子ども自身も精神疾患になるリスクを高めます。けれども、すべての子が病気になるわけではなく、とりわけ継続的な精神障害を発症するわけではないということを、私たちは忘れがちです。イギリスで4年かけて行った横断的研究では、精神疾患の親がいる約300人の子どもを定期的に、専門的に観察しました。その結果、約3分の2の子どもたちが、不安、集中力の欠如、攻撃性などの精神障害を発症していることが明らかになりました。そして、残りの3分の1の子どもたちは精神障害になりませんでした。子どもたちの苦労は、親の病気そのものとは別のところにあることが多いです。彼らはほかの子よりも自立心が強く、家庭での日常生活や学校や余暇の時間での問題にひとりで対応しなければなりませんでした。問題を抱えた子どもの約半数は、一時的に、つまりある期間だけ精神的な障害を発症しました。このことからわかるのは、親の精神疾患が必ずしも子どもに対して永久に問題をもたらすわけではないということです。子どもの発達を全体として観察し、この研究で明らかになったことは、子どもの約3分の1が長期にわたって精神障害の影響を受けたということです。ちなみに、この研究結果は、ほかの研究からも明らかになっています。[2)]

　同じように精神疾患の親がいる子どもでも、健康なままだったり、単に一時的に問題が認められるだけの子と、長期的に問題や障害が出る子の違いはなんなのでしょうか？　子どもたちがあらゆるストレスを上手に乗り越えるのを可能にするものはなんなのでしょうか？　当事者の子どもは、なにによって、問題や障害の発症を避けたり、あるいは避けられないとしてもそれを和らげたりしているのでしょうか？

　子どもたちがストレスや問題に対処するために、あるいはもっとうまく対

処するために子どもを強くするものはなにかという問いに対する答えは、親や先生、そのほかすべての専門的な支援者にとって、完全に新しい展望を開きます。問題やストレスを無視したり過小評価することなく、子どもや家族の強みに注目するのです。このような強みとなる力を発見し、促進し、強化すること、そして子どもたちが自分自身の才能や能力をきちんと認識し、評価できるようにすることを、教育の原則とすべきです。私たちはつい、まず最初に、その子のできないこと、弱点や欠陥がどこにあるのか、また家族の中でなにがうまくいっていないかに注目してしまい、その子がどんな能力や可能性を持っているか、その家族にどんな強みがあるかにあまり注意を払わない傾向があります。精神疾患の親がいる子どもや家族全体が、さまざまな種類のストレスを抱えながらもなにを達成できるのかという視点を研ぎ澄ますことが重要です。

　心理学の分野では、子どもがストレスや困難な生活環境の中にあっても、自分自身が精神障害を発症しなかったり、長期的に患わずにストレスに耐えたり、ポジティブで健康的な成長をするとき、レジリエンスという用語を使います。レジリエンス研究の目的は、ストレスの多い環境に置かれた子どもたちの、前向きで健全な成長を促進する条件を明らかにすることです。私たちは、レジリエンスに関する知識をもつことで、適切に子どもたちを支援し強めるための大事な出発点に立てるのです。

1　レジリエンスとはなにか？

　レジリエンスという言葉は、英語の resilience（弾力性、回復力、耐久力）に由来し、一般的にはストレスの多い生活環境に直面したときの精神的なタフさ、抵抗力を指します。心理学では、レジリエンスとはストレスに直面したときに、「打ち負かされない」「壊れない」人間の能力のことを言います。レジリエンスの高い人は、ストレスの多い状況で個人の資質やスキルを発揮することができ、また、ネガティブな影響や健康への悪影響を緩和・防止するような緩衝材になる家族や社会の力を利用することができます。8)

　レジリエンスというのは、その人を一生守り続けてくれるような防護壁ではなく、時と状況にともなって変化していくものです。そのため、レジリエ

ンスは一度獲得したら常にそこにあり、いつでも動員できる能力のことではありません。レジリエンスの高い子どもは、ストレスを跳ね返し、外から簡単には破られないような「図太さ（分厚い皮膚）」があります。けれども彼らはいつでもどんなストレスにも対応できる無敵の「スーパーキッズ」や「ミラクルキッズ」ではありません。

　研究によると、ある時点ではレジリエンスがあり、抵抗力があって、ストレスをうまく和らげることができた子どもでも、後に時間が経ったり状況が変わったりしたことでとても傷つきやすくなることがあります。子どもたちは、長い間、目立った障害を背負うことなく、困難な生活環境の連続にどうにか対処していることが多いですが、もし追加でさらに問題が発生してしまうと、その抵抗力はもはや十分ではなくなってしまいます。したがって、レジリエンスとは時間が経っても安定した、状況に左右されることがない性質ではなく、子どもが直面するストレスの種類、程度、そして時間的な長さと密接に結びついています。また、いわゆる発達上の移行期には脆弱性が高まります。たとえば、幼稚園から学校への移行期や思春期には、まったく新しい課題や挑戦に直面するため、子どもは特に弱くなります。このような時期に、親の精神的な病気などのリスク条件が加わると、子どものストレスがさらに悪化する可能性があります。

　レジリエンスは、ある子はもっていて、別の子はもっていないというような確固たる資質、あるいは生まれながらの資質ではありません。最近の研究では、レジリエンスは子どもの特性と彼らの生活環境が複雑に作用し合う中で育つことがわかっています。子どもの気質などの個人的な特性に加え、両親や身近な人の反応、子育てにおける親の行動、幼稚園や学校でのサポートなどの環境因子が中心的な役割を担っています。このような生活の場におけるポジティブで安定した体験はすべて、子どもの卓越したレジリエンスを育てるのに有効です。

　社会的関係は、レジリエンスを育むうえで決め手となります。レジリエンスは信頼できる人との人間関係のうえに築かれるからです。子どもには、自分のニーズに応え、気になることや疑問を真剣に受け止めてくれる、思いやりを持って接してくれる親やそれ以外の身近な人が必要なのです。

　レジリエンスは、育てたり、強めたりすることができる能力です。レジリエンス促進についてどのような可能性があるのか、どのような方法があるか

ついては、アドバイスを掲載した第3章で詳しく書いています。

注記

　レジリエンスは、家庭や社会のあらゆるストレスから子どもを一生守ってくれるような、確固とした心の防護壁ではありません。レジリエンスの高い子どもは無敵ではないのです！　レジリエンスとは、ストレスを和らげ、子どもの成長を阻害する可能性のあるものを軽減したり予防したりする能力のことです。この能力は生まれながらにあるのではなく、子どもの特性と環境の相互作用の中で育っていきます。だから、社会的な関係は、レジリエンスの発達にとって大切です。

　では実際にどのような特徴がストレスに対する抵抗力をもたらすのでしょうか？　どのような影響因子がレジリエンスにつながるのでしょうか？　レジリエンスの成長は、子どもや家族、そして社会環境の中にある特別な保護因子に根差しているので、それをこれから見ていきたいと思います。

2　レジリエンスの高い子どもの特徴はなにか？

　レジリエンス研究では、ストレスやリスクがあっても精神的に健やかに成長するために、子どもたちがどのような強さや力——心理学ではこれを問題解決のために活用できるありとあらゆる資源という意味でリソースとよんでいます——を持っているかを見ます。これからご紹介する研究では、逆境やストレスの多い環境——家庭内暴力、親の別居・離婚、貧困、親のがん、親の依存症や精神的な病気——で生活する子どもを長期にわたって観察しました。そして、レジリエンスに影響を及ぼすもの、子どもや家庭、そして社会環境における能力や強みを特定することができました。以下の研究は、親の精神疾患に限定せず、どんな種類のストレスであっても、そのなかで子どもを強くすることができる一般的な保護因子を特定するために行われました。

　ハワイ・カウアイ島で行われたインパクトのある縦断研究では、レジリエンスの高い子どもにどのような保護因子があるのかが初めて明らかになりました。研究チームは、1955年に島で生まれた約700人の子どもたちを、40年以上にわたって学術的に追跡しました。調査は、生まれた年、そして1

歳、2歳、10歳、18歳、32歳、40歳のときに行われました。この調査では、両親、教師、そして子どもにインタビューを行い、さらに心理テストを行い、役所や社会福祉・医療サービスからも情報を入手しました。

　特に興味深いのは、2歳になる前にすでに生育環境が非常に困難な状況にあった子どもで、彼らは幼少期に、貧困、親の精神疾患、離婚、ネグレクト、虐待を経験していました。このように大きなストレスを受けた子どもの3分の2は、問題や障害を抱えていました。特に学習や行動上の問題があることが特徴で、若い頃になにか法に抵触することをしたり、薬物やアルコールの問題を抱えていたりしました。残りの3分の1の子どもについては、研究者たちは、どの時期にもなんら行動上の問題を見つけることができませんでした。彼らは学校では積極的で、活発で、うまくいっていたし、自己を高めようとするモチベーションがありました。彼らは現実的な目標に向かい、私生活にも仕事にもうまく対処できる、自信と自尊心を持った有能な大人へと成長しました。

　このカウアイ研究では、困難でストレスが大きい家庭で育った子どもが健康的で健やかな成長を遂げることができる、ということが学術的に証明されました。彼らの順調な成長のルーツを探る過程で次のことが明らかになりました。ストレスのある生活環境など子どもの成長に対して脅威がある中で、緩衝材として作用し、問題や障害のリスクを決定的に減少させることができる一般的な保護因子があることです。さらに、これらの一般的な保護因子は3つのグループに分類できることがわかりました。子どもの個人的な保護因子、家庭での保護因子、そして社会での保護因子です。これらの保護因子は、現在、多くの研究で認められています。心理学では、この3つのグループの保護因子を、子どもの健康的な成長にとって重要な基本的な保護因子とよんでいます（次ページの表2を参照。〔表2の詳細については本章の2-1〜2-3〔52〜63ページ〕で詳述〕）。

表2：レジリエンスを促す基本的保護因子のまとめ

子どもの個人的な保護因子	・バランスの取れた気質 ・自助能力 ・問題解決能力・コミュニケーション能力 ・自信、ポジティブな自尊心 ・認知能力と学業 ・自己効力感への信頼 ・社会的スキル（共感能力、社交性、責任感） ・強い首尾一貫感覚 ・計画能力
家庭での保護因子	・構造化された家族の特徴 ・親との安定した愛着とポジティブな関係 ・よい教育環境 ・愛情深く子どもを受け入れる、適切な子育て ・良好な夫婦関係 ・家族間の相互作用の特性 　－家族の信念が建設的 　－家族の柔軟性と精神的つながり
社会での保護因子	・社会的・精神的サポート——信頼感を育み、安心感を与え、ポジティヴな手本となる肉親以外の、思いやりがあって信頼できる大人によるサポート（たとえば近い親戚、保育園や幼稚園、学校の先生） ・助けてくれ、刺激を与えてくれる友人関係 ・学校でのよい経験 ・余暇活動への参加

2-1　子どもの個人的な保護因子について

バランスの取れた気質

　心理学では、気質とは、人格における特殊性、たとえば、刺激への敏感さ、反応の強さ、感情や気分、そして願望への対応の仕方のことをいいます。カウアイ研究では近しい人がレジリエンスの高い子どもについて、すでに乳児期の時点で、この子は積極的だ、愛情深い、気さくだと話していました。彼らは新しい状況にうまく適応することができたし、タフさや抵抗力が彼らほどにはないほかの子と比べると、社交的で、バランスが取れ、快活でした。また、バランスの取れた気質によって、親との関係がうまくいきやすくなっていましたし、親やほかの身近な人からは、気遣い、あたたかさ、愛

情といったポジティブな反応を引き出していました。これに対して、落ち着きがなくてあまりバランスが取れていない、いわゆる「むずかしい」気質の子は、新しい状況に適応するのが上手ではなく、家庭では争いを起こす原因と受け取られることが多く、争いの際にすぐに「批判の的」になってしまいがちです。また、「むずかしい」気質の子どもは家庭でのストレスによって、問題行動や精神疾患を発展させてしまう可能性が非常に高いです。

自助能力

　幼少期にレジリエンスの高い子どもは、そうではない子どもと比べたとき、明らかに自立し、自信があり、自主性があります。彼らはコミュニケーション能力や運動能力が発達し、オープンで親しみやすいことから、たとえば遊び場のようなところで、同い年の子や、さらには大人ともいい関係を作ります。レジリエンスの高い子どもは、そのうえ、自助能力もしっかり発達しています。彼らは自分で自分の問題の解決策を見つけようとしますが、そのときに、自分でどうしたらいいかわからない場合は助けの手を借りてくることができます。新しい経験に対して、レジリエンスの高い子どもはオープンで好奇心を示します。彼らは積極的に自分のまわりの世界を知り、発見していくのです。

問題解決能力・コミュニケーション能力、自信、ポジティブな自尊心

　カウアイの縦断的研究で、レジリエンスの高い子どもは、10歳ですでに**問題解決能力・コミュニケーション能力**を十分に育んでいて、強い**自信**とポジティブな**自尊心**をもっていることが特徴的でした。その結果、レジリエンスの高い子どもは自分の気持ちをうまく表現でき、他者が発するシグナルをうまく理解することができていたため、状況に合わせて適切な行動を取ることにもたけていました。問題にぶつかったときは、責任を引き受け、積極的に問題解決に向けて努力しました。ですから、外から誰かが問題を取り除いてくれたり、助けに来てくれたりするのを待っていません。彼らは、自分ひとりで問題を解決できるのか、それとも積極的に助けを求めた方がいいのかをうまく見極めることができました。問題解決は、ストレスに対処する前提条件のひとつであるため、素早く効果的に問題を解決する能力はとても大切です。困難な状況にうまく対応できる人、どう行動すべきか、問題解決のた

めにどんな選択肢があるのかを知っている人は、ストレスに対して素早く上手に対処することができます。このようにして、問題や困難な状況を現実的に見極める能力には、ある程度の自信や自尊心が必要なのです。

　自尊心の高い子どもは、自分の人となりに関してポジティブなイメージを持っていて、自分自身に満足していて、自分に価値があると思っているし、自分の能力や知識を信頼しています。このようにして、自分自身への信頼があることで、困難な状況や新しい状況を前にひるむのではなく、それらをチャレンジとして見ることができます。そして、問題の解決策を見つけて、それを実行できるし、そうやって目の前の課題をうまくこなしていけるだろうと考えています。自分自身への信頼度が高い子どもは、同時に次のような意志の強さも持ち合わせています。それは、大人に対しても「イヤだ」と言えて、自分の要求を示し、他人の意見に逆らってでもそれを実行しようとする強い意志です。この強さが、困難な状況でも自分ならきっと乗り越えていけるという自信につながります。そのため、彼らは日常で未知の状況が出てきても、変化があっても、びくびくせずに、むしろ好奇心をもって期待に胸を膨らませながら立ち向かっていくのです。

認知能力と学業

　レジリエンスの高い子どもは自分の能力やスキルを有効に使うことができます。カウアイ研究では、このような子は、学校でしっかり集中できて、平均以上の粘り強さを発揮していました。その結果、学校での成績もよく、それが自己肯定や承認の強力な源となって家庭や日常生活でのさまざまなストレスとバランスをとるのに役立っていました。

自己効力感への信頼

　これに加えて、レジリエンスの高い子どもは強い自己効力感をもっています。自己効力感とは、自分の行動によって実際になにかを引き起こすことができる、つまり問題を変えたり動かしたりでき、ある状況の中で自分自身がまわりに対して「効力がある」のを経験できるんだ、という信念を持っていることを指します。自分の行動でなにかを引き起こしてまわりを変えることができると思っていない人は、なにかを変えたり動かしたりしようとまったくしないで、そのような状況そのものをできるかぎり回避し、自分自身に対

する評価はネガティブになります。これに対して、自己効力感に対して前向きな期待をしている人は、自分の能力を基盤に自信と信頼を作りあげ、また自分の能力を新しい状況や問題にも適応させていくことができます。

注 記
　自己効力感に対して確信を持つことは、特別に影響力が大きい保護因子となります。というのも、本質的に人の思考、信条、モチベーションに影響するのが自己効力感だからです。自己効力感があることで、自分の人生でものごとに影響を与えるのは自分なんだと確信できます。つまり、自分自身の行動によって問題に影響を与えたり、解決したり、あるいは完全に防止できるんだと確信できるようになるのです。

　私たちの大半は、できごとというのは自分の力ではコントロールできず、運や偶然、あるいは他者によって決まってしまうものだと考えているでしょう。ところが、自己効力感が低いと、ここからさらに絶望感、無力感、あきらめを助長してしまいます。
　カウアイ研究で明らかになったのは、レジリエンスの高い子どもが自分に自信と信頼を持ち、それによって自己評価が前向きなものになり、さらには多くの自発的な行動につながっているということです。

社会的スキルと強い首尾一貫感覚
　レジリエンスの高い思春期の子どもの特徴は、ひとつには高い**社会的スキル**と肯定的な自己イメージをもっていることでした。カウアイ研究では、レジリエンスの高い若者は責任感があり、自立していて実行力があり、レジリエンスが低い子どもと比べると、社会的にも精神的にも総じて成熟していました。彼らは問題解決能力に優れ、自分の能力に自信をもち、人生に対する姿勢は楽観的で自信に満ちていました。
　もうひとつの特徴として、レジリエンスの高い若者は、他者への高い共感力がありました。彼らは、どうしてほかの人が喜んだり怒ったりするのかがわかり、気持ちや行動を追体験し、理解することができました。彼らは、他者に共感的に反応するのが上手なだけでなく、自分の気持ちに気づき、悩みや感動を親や友だちに伝えることができました。この共感力が、ほかの子ど

もたちとコミュニケーションを取ったり友人関係を築いたりするうえで助けになっていました。彼らは、集団のルールに合わせ、友人関係の中での変化をとてもよく観察し、その変化に応じて自分の行動を変えていました。集団の中で争いが起きたら、レジリエンスの高い子はすぐに調整係になっていました。なぜなら、彼らは共感を通して集団のメンバーの変化をよく理解することができ、同時に問題解決の道も知っていたからです。効果的な対立解決策を見つけられるだけでなく、ものごとがうまくいくという自信と確信を抱いている楽観性も彼らの主な特徴でした。レジリエンスの高い若者は、レジリエンスの低い若者よりも、責任感があり、自立していて、目標へ向かっていく力があります。彼らは意識的に家庭内および家族に対する責任を引き受けることが多くありました。たとえば、親が病気のときに弟妹の世話をしたり、家事をし、食事を作り、洗濯をしたり、買い物をしたりしました。このように早くから家の中で責任を負うことは、自己効力感の醸成につながり、また逆に、自己効力感への信頼があることで責任を負う意欲がさらに高まります。実際に活動することで、彼らは自分の行動に人生の意味や目的を見いだす経験をしていきます。心理学でいうところの**首尾一貫感覚**です。首尾一貫感覚というのは、人生や乗り越えなければいけない課題には意味があり、それに取り組み、エネルギーを注ぐ価値があるものだ、と確信を持つことです。ある心理学者はかつてこのように言いました。人生に意味を見いだせない人は人生を重荷としか感じず、目の前に課題があると、さらに苦悩が増えたとしか感じないのだ、と。

注 記
　私たち人間にとって、一貫性を感じられるのは基本的な保護因子となります。これは、人生における基本的な姿勢のようなもので、一貫性を感じられることによって、どのようなことにも柔軟に対応し、ストレスの多い状況でも効果的な力や保護因子を活性化させることができます。

計画能力

　レジリエンスの高い若者には計画能力があることが特徴的です。彼らは、自分自身の仕事上の現実的な目標と人生の目標に向かって努力します。自分の経験や可能性を現実的に評価することで、自分の将来を意識的に計画する

ことができます。計画能力は、優れた問題解決能力、自己効力感への期待、主体的に意思決定する能力と密接に結びついています。

2-2　家庭での保護因子

構造化された家族の特徴

　家庭での日々の流れが規則正しく構造化されていることに意味があるのは、多くの研究が立証しています。このような構造化された特徴には、家庭内の日常生活における規則的な構造や、たとえば、家族一緒に食事をしたり誕生日のお祝いをしたり、家族で一緒になにかを楽しむといった、それぞれの家族で決まっている儀礼などを含みます。

親との安定した愛着とポジティブな関係

　カウアイ研究で、レジリエンスの高い子どもは、困難な生活環境にあっても世話をしてくれ、年齢に応じた刺激や励ましを与えてくれる重要な身近な人が少なくともひとりはいて、その人と情緒的に安定した**揺るがない愛着**関係を築いていました。ここでいう身近な人とは、特に両親のことを指しますが、祖父母、おじ・おばなどの近しい親戚、ときには兄姉も含めます。身近な人が子どものニーズやシグナルに対して適切かつ敏感に反応することで、安定した愛着パターンを発達させることができていました。しっかりと愛着を持っている乳幼児は、身近な人が自分のためになにかをしてくれて頼れることへの信頼があり、これが彼らの安心と安らぎの源となっています。彼らはバランスよく、夢中になって遊び、まわりの世界を発見する勇気をもっています。年齢が上の子どもにとって、この身近な人というのは、彼らのために配慮し、慰め、愛情をもって面倒をみて、心配なことや不安なことがあるときは話し相手になり、大変なときにはサポートしてくれる、信頼できる人のことを指します。愛着形成がしっかりしている子は、それが不安定な子と

注 記
　子どもがストレスに対処する能力を育むために不可欠な基盤は、安定したこまやかな愛着だと考えられています。安定した愛着を土台にして、自尊心と自信、自己効力感、社会的スキル、コミュニケーション能力・問題解決能力が育ちます。

比べると、特別な自尊心があり、そして大きな自信と高い社会的スキルがあ
ります。仲間や他者に適切に歩み寄ることができるので、愛着が不安定な子
どもよりも、周囲との人間関係が良好です。とはいえ、安定した愛着には、
年齢に応じた分離も含まれています。子どもは世界を発見し、同世代の仲間
やほかの人との関係を試し、少しずつ関係を構築していける自由な空間を必
要としていきます。したがって、安定した愛着とは過保護を意味するのでは
なく、大切なのは子どもの発達に愛着行動をあわせていくことです。それ
は、親や身近な大人との関係を心の基盤にし、子どもがほかの人と関係を築
くためにこの基盤から離れていったとしても、また元の場所に戻ってこられ
るようなものであるべきです。

よい教育環境

　レジリエンスの高い子どもの家庭はあたたかく、親のぬくもりで包み込ま
れています。同時に家庭での行動と社会的なつき合いに関するルールもはっ
きりしています。親は教育を適切に行い、保護し、子どもは家庭で年齢に
あった責任を引き受けます。ここでの責任というのは、たとえば、自分の部
屋を片づけるといったものです。親は、そのような課題を子どもが全うする
のを期待しています。同時に、親としての役割を明確に保持することも、レ
ジリエンスを促進します。どのようなことかというと、親は子どもを対等
な人間として認め、子どもの希望や関心を真剣に受け止め、家庭内で必要
なスペースを与える一方で、家庭内で対等な決定権を持てない領域があるの
をはっきりさせておく必要があるということです。家族心理学では、このよ
うにして境界線を設定するのは家庭が機能するうえで非常に重要で、この境
界線は子どもにとって常に理解できるもので、また、年齢に合わせてフレキ
シブルに設定しなおすべきだといわれています。レジリエンスに優れた家族
における親子の境界線はシンプルではっきりしていることが特徴ですが、た
とえば親の急病をきっかけとした新しい状況や課題にうまく適応していくた
めの柔軟性も備えています。そのために、レジリエンスに優れた家族では、
オープンな会話スタイルを実践しています。オープンに話すことで、子ども
たちは病気について知り、病気に関連する家族のさまざまなできごとに参加
させてもらい、自分たちに直接影響する変化についても知ることができます
（第2章の3節〔63ページ〜〕参照）。

良好な夫婦関係

　子どもにとってさらに重要な家庭での保護因子は、親が**良好な夫婦関係**にあることです。親は家族という建物の「建築家」です。親が共同生活のための情緒的な土台を作り、それを維持するのです。自分の両親が互いにどのように向き合っているのか、話し合っているのか、どうやって対立や問題を解決しているのか、ということが家庭の雰囲気を決定的にかたち作ります。親が感情や問題について率直にしっかりと話し、一緒に解決策や出口を探し、支え合い、尊敬と愛情をもって接するのを経験すると、子どもは安心感や安全感を得られます。さらに、親はこれらを通して子どもによいお手本を見せてあげることができます。幼い子どもでも、親の行動を観察して真似をします。子どもはほかの人を観察することでどんどん新しいことを学習します。その際に親は、特別に影響力のあるお手本になるのです。

家族の信念が建設的

　子どもにとって本質的な家庭での保護因子は、その家庭に共通する価値観です。この価値観は直接観察できないことも多いですが、ストレスの多い状況では重要な防護壁や緩衝材として効果を発揮します。このような家族の基本的な信条は、子どもが大変な状況をどのように受け止め、どのように反応するかに強く影響します。レジリエンスに優れた家庭は、家族の一人ひとりがその家族の一員だという自覚があり、ストレスの多い生活環境に対処することを家族みなの共通の課題だと考えています。このような家庭では、問題を克服するためのベストな道は、家族が一緒に立ち上がり、一緒に解決策や危機を脱する方法を見つけていくことだという確信をもっています。レジリエンスに優れた家庭では、この状況は乗り越えられるという希望を持ち、努力は実を結ぶと信じています。このような楽観的な態度によって、問題を乗り越えるためのエネルギーがわいてきて、大変な状況に対処するために頑張ろうと奮い立ちます。ここでの楽観主義は、現実の否定ではないし、現実の変化や改善には限界があるというのを否定することではありません。そうではなくて、ストレスや危険を減らし、いろいろなことを変えていくチャンスを増やす努力をする、前向きな姿勢のことを楽観主義といいます。家族が宗教的な結びつきから力や指針、慰めを得ることも多いです。たとえば宗教的コミュニティや教会のコミュニティでの信仰と所属意識がレジリエンスの重

要な源になります。またこのほかにも、自分の心の支えを、自然、音楽、あるいは芸術との結びつきに見出す人も多いです。

家族の柔軟性と精神的なつながり

　レジリエンスに優れた家庭は、直面する課題とストレスに適切に対処するために、さまざまな方法で家族を組み立て、それによってさまざまな状況に適応することができます。このような**柔軟性とつながり**は、家庭でのレジリエンスの特徴です。柔軟性というのは、変化したり、入れ替わったりする状況に素早く適応し、再び安定を作り出す能力のことです。たとえば、両親が精神疾患になったり、がんを患ったり、離婚したりすると、家族の中で慣れ親しんだいつも通りの生活を維持することができなくなったり、一定の期間、元の生活に戻ることができなくなったりします。そのため、家族はなるべく早く新しい状況に適応しなければなりません。そのためには問題発生の状況を探り、家族生活について新しい考えをもち、少なくとも一時的に家族内の仕事を振り分けなおして、変化した状況に対処できるように人間関係を再編成したりバランスを取ったりする必要があります。家族のレジリエンスに関する柔軟性以外の重要な点は、家族の構成員のつながりです。つながりとは、お互いに情緒的な結びつきがあり、ストレスや問題に直面しても互いに支え合い、ともに困難を乗り越えていこうとする内面的なコミットメントを感じることです。それと同時に、レジリエンスのある家庭では、家族それぞれがみな違うということ、別の人格をもち、それぞれに境界線があるというのを尊重しています。親が病気になったとき、しばらくの間完全に引きこもったり、逆に友人と外出したがったりして、一見するとあらゆる困難を跳ね除けているように見える子もいますし、とても心配して、病気の母親や父親の仕事を引き受け、安心させようとする子もいます。家族のほかのメンバーより、起きた事態を受け入れるのに時間がかかる子どももいるでしょうし、親だって時間がかかることがあるでしょう。

2-3　社会での保護因子

社会的・精神的サポート

　レジリエンスの高い子は、信頼できる社会的・精神的支援源があり、ま

た、そうしたサポートをしてくれる人物を頼る許可もすでに親から得ています。子どもが一歩踏み出し、家族以外の人にサポートを求めるには、子どもにとって親の同意が前提となります。このような家族以外の人は、特に親の急病やそれに伴う入院など、ストレスや危機的状況にある子どもに寄り添い、子どもの人生を安定させ、保護と安心をもたらす重要な身近な人物となるでしょう。研究によると、ストレスのある状況では、親は自分自身の心配ごとや問題に取り組むので非常に忙しくなり、子どもの心配や不安を十分にケアする余裕がなくなってしまうことが多いです。家族以外の信頼できる身近な人は、こういう状況の中で、ストレスから子どもを守ってくれる存在です。彼らは子どもに安心感を与え、サポートやアドバイスをし、慰め、耳を傾け、励まし、あるいは子どもと一緒に遊んだり宿題を手伝ったりして、直接的にサポートします。それに加えて、彼らは子どもたちに対して、問題やストレスにどのように対処したらいいか、重要なお手本を示してもくれます。

助けてくれ、刺激を与えてくれる友人関係

　さらなる保護因子は、ほかの子たちとのよいつき合い、そして友人関係です。研究によると、ほかの子どもとの関係は、どの年齢の子どもにとっても大切です。子どもは友だちとのつき合いを通して困難な状況から気分転換ができ、これによってなんの変哲もない子どもらしさ、楽しさ、自由気ままさを経験します。仲間との社会的な遊びは、子どもたちが日常生活から脱して、自分の感情を表現できる大事な学習環境となります。誰かと一緒に活動するのは、子どもにとって特別な状態です。なぜなら、ほぼ対等なレベルでなにかを経験したり社会的スキルを習得することができるからです。子どもたちは分かち合うこと、互いに助け合うこと、人の立場になって考えること、ある状況下で主張を通したり、あるいはほかの人に譲ったり、ほかの人の要求を受け入れたりすることを学びます。仲間はよいお手本になります。子どもは、ほかの子がどうやって問題や争いに対処しているかを観察し、彼らと同じような行動を取ります。その際に、子どもにとって特別な役割を果たすのは、少し年上の子どもとの関係です。特に年下の子どもは、年上の仲間の行動パターンやマナー、争いの解決策などを真似ることがわかっています。このようなロールモデルは、家庭内のストレスや学校での困難に対処する際にも重要な役割を果たします。

背景知識：家庭での保護因子と家庭のレジリエンス

　子どもの健康的で健やかな成長にとって重要なものは、家庭での保護因子だというのが研究によって明らかになっています。たとえば、ドイツで子どもと青年のメンタルヘルスを調査した BELLA 研究（＊訳者注）では、家庭での保護因子が子どもの精神障害の割合を大きく下げることがわかりました。ロベルト・コッホ研究所で行われたこの研究では、さらに、家庭での保護因子が健やかさや子どもの生活クオリティーによい影響を及ぼすことがわかっています。

　家庭での保護因子の意義を考えるのは、家族全体、そして家庭のレジリエンスを見ていくことにつながっていきます。8）家庭のレジリエンスは、生活上で大きなストレスがあったとしても、家族がそれぞれの役割をうまく果たし、家族のメンバーそれぞれが健やかに成長するのを目指しています。家庭のレジリエンスを高めるうえで重要になってくるのは、オープンなコミュニケーションです。レジリエンスの高い家庭では、親が自分の気持ち、願いやニーズを表現するし、子どもに対しても、子ども自身の気持ち、願いやニーズを表現できるように背中を押します。そして、親は子どもの立場になって考え、子どもの目線で世界を見ようと努力します。

　このようにして、家族の精神的なつながりや家族の一員としての意識は強まり、ストレスに柔軟に対応できるようになります。これにより、困難な状況やストレスの多い生活環境に直面しても、家族の抵抗力と適応能力が高まります。

＊訳者注

BELLA 研究とは、ロベルト・コッホ研究所が行った全国児童青年健康調査（通称 KiGGS——Studie zur Gesundheit von Kindern und Jugendlichen in Deutschland）のメンタルヘルスに関するモジュール研究のことで、BELLA は、Befragung zum seelischen Wohlbefinden und Verhalten（心の健康と行動に関する調査）の略称です。この BELLA 研究は、子どもや青年における病気のスペクトルが急性疾患から慢性疾患へ、身体疾患から精神疾患へと変化してきたことを背景とし、ドイツで児童と青年のメンタルヘルスに関する十分な縦断的データがないことから、7 歳から 17 歳の子どもと青年のメンタルヘルスを長期にわたって調査したものです。2003 年から 2006 年にかけて基本データを収集した後、さらに 4 回の調査（2004 〜 2007 年、2005 〜 2008 年、2009 〜 2012 年、2014 〜 2017 年）で参加者を繰り返し追跡調査しました。ドイツ全土の 7 歳から 31 歳の若者、約 3500 人を調査したこの BELLA 研究は、予防とケアを改善することを目的として、

　（a）児童期・青年期から成人期までの精神障害の発達軌跡の調査

　（b）精神障害のリスク因子と保護因子の同定

　（c）医療制度サービスの利用

に焦点を当てて行われました。

思春期の子どもにとって友人関係というのは、親から精神的に離れ、仲間との安定した関係を構築し、自己発見していく、自分自身の目標、価値観、信念を形成するという成長過程で大切なプロセスにおいて、重要な意味をもっています。

学校でのよい経験、余暇活動への参加

学校でのよい経験も保護因子のひとつになります。レジリエンスの高い子どもは、学校へ行くのが好きだということがわかっています。学校は、認知、愛情、肯定、友だちのネットワークへの参加などの場として経験することができ、特に困難な生活状況にある子どもたちにとっては、バランスと気晴らしを与えてくれる余白や安全地帯として効果的な場合があります。同じような効果を発揮する支援システムとしては、ほかにも余暇でのグループ、スポーツクラブ、教会などがあるでしょう。一緒に活動をして、共通の考えや興味をもつことで、仲間との結束が生まれて、レクリエーション、多様性、気晴らし、そして肯定感や承認が得られます。

3　親に精神疾患がある子どもの保護因子

研究では、精神疾患を患う親がいるレジリエンスの高い子どもには、これまで見てきたような一般的な個人的、家庭的、そして社会的な保護因子に並んで、ストレスに対峙したときに彼らを強める別の保護因子があることがわかっています。[2] 特に効果を発揮する、特別な保護因子は次の2つです。
・子どもが病気に関する知識をもち、病気を理解していること。
・家庭内で病気に対してオープンで積極的な対応をしていること。

病気に関する知識と理解

親の精神疾患は、子どもに直接影響します。子どもは病気の親の行動や気分の変化を観察し、もうひとりの健康な親や近しい親戚が心配しているのを感じ、家庭生活での変化を直に体験しています。このような変化に対して子どもは悩み、不安を抱えます。彼らの悩みや不安は、状況の判断がつかなくて、なにが起こっているのかまったくわからなかったり、あるいは漠然とし

かつかめないときに大きくなります。知らないことで、子どもの悩みと不安は大きくなり、そのためひどく怖がったり、いろいろなことを空想するようになってしまいます。

　逆に、親の病気について知り、病気の経過や治療に関する情報を得ることは、子どもにとってきわめて特別な保護因子となります。病気、症状や診断、そして治療に関して一般的な情報を単に伝えるだけではなくて、その子が実際に家庭で見て経験していることを年齢に合わせて理解できるように説明するのが大事です。病気についての「抽象的な」知識では、子どもは自分自身を守ったり抵抗力をつけたりできません。そうではなく、親の行動や、家族に対する病気の影響、さらに日々の生活で生じるストレスに病気がどう影響しているのかをしっかり理解することが必要です。知識の伝達は、子どもがもっとしっかり理解するためという目的があることで、はじめてきちんと伝わります。あくまでも出発点は、子どもが抱いている疑問、心配、不安であるべきです。これらは子どもによってまったく異なるでしょうし、同じ子でも、親の病気や治療の経過の中で変わっていきます。たとえば、入院が必要な病気の急性期と、健康状態が再び安定する退院後では、子どもの疑問や不安が異なることがわかっています。また、はじめて親の病気を経験した子は、すでに何回も親の病気を経験したことがある子とは、違う疑問を抱きます。

　病気の知識を得て理解することで、子どもは自分の将来に対する希望と勇気、そして自信をもちます。子どもは病気を知ることによって家庭の状況をうまく整理し、見極めることができ、この作業をすることで再び自分の人生を生きるためのエネルギーを得ます。子どもたちは再び自分のことをコントロールできるようになり、学校や日常生活で求められていることに応えられるようになります。これに対して、病気に関する知識がまったくない子、あるいは少ししかない子は、状況を十分に把握できず、なにが起こるかわからないため、常に緊張状態にあります。

家庭内での病気への対応

　親が病気に対してオープンで積極的な対応をすることも、精神疾患の親がいる子どもにとって特別な保護因子となります。子どもは家庭内で親が病気にどう対応しているかを非常によく見ています。ママ／パパは病気について

話しているかな？　私／僕やほかの人にも話しているかな？　もし病気が悪くなったらどう対応しているんだろう？　そのとき、ママ／パパは絶望的になったり、あきらめたりしているかな？　それともなにか状況を変えようとしているのかな？　ママ／パパは助けやサポートを探してるかな、それとも家に引きこもってる？　こういったことすべてを子どもは感じて、それに合わせて行動します。どのようにして親やほかの身近な人が病気に対応しているかは、子ども自身が親の病気に対処する際に決定的な影響を与えます。というのも、子どもというのは親の行動や争いの解決策を真似るからです。親は状況に上手に応じた適切な対処法を示すことで、大変な日常生活の中であっても子どもが自分の道を見つけ、ストレスに対処できるよう手助けができます。

　病気に応じた適切な対応としては次のようなものがあります。
・病気の当事者の親が、病気であることを認識し、受け入れている。
・健康な方の親が、パートナーに精神疾患があることを認識し、受け入れている。
・病気を否定しない（例：「そうはいってもそこまで大したことじゃないよ」「ほんの一時的なもので、またよくなるよ」）。
・かといって、過大評価もしない（例：「病気のせいで全部だめになる」「もう前みたいに幸せにはなれない」）。
・病気の親やほかの家族のメンバーを頑張らせすぎない（例：「もうちょっと頑張ったらうまくいくよ」）。
・かといって、チャレンジ不足もよくない（例：「病気なんだからこれはできないよ」）。
・病気に関して親同士がオープンに話す。
・状況について親以外の家族のメンバーとオープンに話す。
・子どもと病気についてオープンに話し、いつでも質問していいということを示す。

　病気への積極的な対応には、日々の生活や家事をやりくりすることも入ります。特に母親が病気のときに、各々が家族生活での役割に貢献できるように、かといって、それによって負担がかかりすぎないように、ときにはお互

いの役割を分担しなければなりません。積極的かつオープンに対応すると
は、沈黙の掟を家庭内に課さないだけではなく、親戚や友人などの親しくて
信頼できる社会的ネットワークとの関わりがあり、彼らも病気について知っ
ているということです。家族以外の信頼できる人に対してオープンにするこ
とで、家族はサポート、支援を求めやすくなり、ひいては安心を得られま
す。たとえば、親戚が子どもの世話をして面倒をみてくれたり、買い物をし
てくれたりすることで、適切なタイミングで現実的な手助けをしてもらえ、
家庭での負担をかなり軽くできることも多いです。精神疾患を患う人とその
家族は、状況をうまく克服するために専門的な助けを必要としています。病
気に対して積極的に対応するということには、病気の親が精神療法や精神科
の治療の機会を利用することも含みます。病気の親の精神状態と健康が改善
すると、子どもの信頼と希望も向上します。精神疾患の親は、自分に必要な
専門的なサポートを受けることによって、ひいては子どもを強くすることが
できます。

注記

　精神疾患の親がいるレジリエンスの高い子どもは、
・病気の母親／父親になにが起きているかを理解している。
・病気によって家族にどんな変化があるかを知っている。
・家庭内で病気についてオープンに話せることを知っている。
・信頼できる身近な人——たとえばおばあちゃん、おじいちゃん、おじさんやおば
　さん——が親の病気について把握しているということを知っている。
・これらの信頼できる身近な人に、必要なときに相談していいということを知って
　いる。

　子どもが病気の親を理解するために知りたいこと、知らなくてはいけない
こと、そして子どもに対して病気のことをどうやって話したらいいかについ
ては、第3章5節（108ページ〜）で詳しく述べます。

4　レジリエンスは個々の保護因子の総和以上だ

　レジリエンスとは、ストレスのある状況で、個人的な保護因子・家庭での

保護因子・社会での保護因子を緩衝材として設置して、使うことができる能力のことをいいます。レジリエンス研究では、まず保護因子がなにかを探ることに焦点を当て、次に保護因子がどのようにして効果を発揮するのかということに着目しました。[8] この研究の中心には、次のような問題設定がありました。「レジリエンスがある人」と「レジリエンスがない人」を区別するものはなんでしょうか？ レジリエンスがある人は、家庭や社会で状況が困難なときに、どのようにして保護因子を緩衝材として利用し、ストレスにうまく対処しているのでしょうか？

・家庭のストレスに直面したときに、一方ではあきらめてしまう子どもがいる中で、レジリエンスの高い子はどのように自尊心や自己効力感を維持し、育んでいるのでしょうか？
・子どもたちは、ストレスの多い状況下で、どのようにして周囲から社会的支援を得たらいいのでしょうか？
・親は、どのように家庭内でのつながりやまとまりを生み出し、維持したらいいのでしょうか？
・子どもと病気について率直に話せて、子どもからも積極的に質問してもらえるような信頼関係を家庭で築くために、親はどうしたらいいのでしょうか？

　子どもや若者を調査した先駆的なアメリカでの研究では、レジリエンスに

> **背景知識：自己内省・自己制御・他者の視点に立つ**
> 　自己内省とは、自分自身について考え、自己観察をすることです。つまり、自分自身についてもっと知るために、思考・感情・行動を分析し、深く探るのです。自分の思考・ニーズ・希望・信念を認識し、評価し、さらに自分の行動がもたらす影響について問うことが大切です。ある行動がなにをもたらしうるか予見し、評価する能力が大事です。この能力によって、他者とのつき合いやストレスがかかる状況で、適切な行動を取り、できるかぎり不適切な活動を避けることができます。
> 　自己制御は、注意力・感情・衝動・行動を操縦する能力のことをいいます。自己制御で大事なのは、気を散らさずにものごとに取り組み、計画を立ててそれを実行し、その際に一時的な衝動に抵抗することです。
> 　他者の視点に立つとは、他者に共感し、ほかの人には自分とは違う意見・気持ち・価値観・考え方があるというのを理解する能力のことです。これによって、自分の観点を失わないで、自分とは違うであろうほかの人の観点を意識的に取り入れることができます。

優れた若い人には**自己内省、自己制御、他者の視点に立つ能力**があり、さらにこの能力をストレスのある状況でも動員できることが明らかになりました。

　心理学では、これらの自己内省、自己制御、他者の視点に立つことをあわせて、内省力といいます。上述のアメリカでの研究で、このような内省力を見せたレジリエンスのある子どもは、少なくとも親のどちらかが、このような自己内省、自己制御、他者の視点に立つ能力を持っていました。この調査結果は、子どもにとって、親や身近にいる大事な大人が、内省力を得るための重要な手本になっていることを示しています。大人が示す手本を通して、幼児期にはすでにこの能力の土台が築きあげられるのです。

背景知識：内省力を育てる

　内省力によって、内的な現実（自分の思考・感情・願い）と外的な現実（他者の思考・感情・願い）の間をしっかり区別することができます。これによって、社会的状況を理解し、予測し、自分の気持ちを制御できるようになります。

　子どもはまず他者の思考と感情、そして自身の思考と感情を前提として、内的世界と外的世界のつながりを認識する能力を獲得していきます。つまり、自分自身にも自分の行動に影響を与える思考、感情、欲求があって、他者にも自分とは異なる思考、感情、欲求があり、それが自分の行動に影響を与えるのだということを徐々に理解しはじめるということです。だいたい３歳くらいまでの子どもはこのようなことができません。彼らにとっては、自分たちに見える世界こそが真実であり、あらゆる人に自分の世界観がそのまま通じるものだと信じて疑いません。[9]

「マクシとスマーティの箱」という視覚的な実験では、幼少期の内省力の発達が可視化されました。

　幼いマクシはスマーティという名前の、カラフルなマーブルチョコが入っているお菓子の箱を見せられます。マクシは、「この箱の中になにが入ってると思う？」と聞かれ、胸を張ってこう答えます。「スマーティだよ！」。でも、箱を開けてみると中には色鉛筆が入っていました。

　さらに続けてこう聞かれます。「外にお友だちのペーターが待ってるね。ここにペーターを呼んで、このスマーティの箱を閉じたまま見せて『箱になにが入っていると思う？』って聞いたら、ペーターはどう答えると思う？」

・３歳の子どもは「色鉛筆！」と答えます。彼らは、部屋の外にいるほかの子が自分と同じ知識をもっているわけではない、ということがわからないからです。ほかの子が自分とは違う誤った信念をもつことを想像できないのです。

・４歳の子どもは「スマーティ！」と答えます。自分の中の信念と現実が一致している必要はない、と考えることができるからです。彼らは他者の視点に立つことができています。

第3章
どのように子どものレジリエンスを高めるか？
親としてなにができるか？

　レジリエンス研究の結果は私たちに勇気を与えてくれます。精神疾患の親がいる子どもは、たとえ生活環境の中でストレスが多かったり問題があったとしても、家庭や直接彼らを取り巻く社会環境に自分を守ってくれるものがあるとき、自信をもち、能力を発揮して行動力のある人物へと成長できることがわかっています。レジリエンスの高い子どもたちは、ストレスにうまく対処し、新たに生じた問題をただ解決するだけでなく、問題を克服することによって新たな能力やスキルを身につけたり既存の能力をさらに強化したりするための力、潜在能力、リソースをもっています。能力やスキルが伸びることで、精神的に成長し、年齢相応に自分の人生を切り開いていくための新たなチャンスの扉が開けていきます。

　しかし、すでに述べたように、子どもはこのようにして自分を守ってくれる性質を自動的にもつわけではありません（第2章参照）。生まれながらにレジリエンスをもち合わせている子どもはひとりもいないのです。あらゆる研究で、レジリエンスの発達のためには社会的関係が必要だといわれています。これまで見てきたように、レジリエンスとは、子どもと彼らを取り巻く環境の相互作用によるものです。子どもは精神的なタフさ（つまりレジリエンス）を育むために、安全で信頼できる次のような関係を生まれたときから必要としています。安全で信頼できる関係には以下の人を含みます。

- 乳幼児期に安心と共感といった心のつながりを与え、子どもたちに配慮、温もり、気遣い、関心のシグナルを送る親。
- 発達過程で、子どもが世界を発見していくために刺激と動機づけを与え、子どもが活動したりなにかを遂行できたりするように褒めて承認する家族以外の身近な人。
- 子どもを導くことができ、子どもの価値観や態度の手本となって、問題に効果的に対処する方法を示すことができる親やそのほかの身近な人。
- 子どもたちに、自分は重要な存在で、まわりに影響を与えることができる

という確信を与え、「私／僕は変化をもたらすことができる——私／僕には価値がある——私／僕は見守られている」という体験をさせることのできる親やそのほかの身近な人。

・保育園や幼稚園、学校の先生など、子どもたちに支援、安心、サポートを与え、行動の選択肢を示し、子どものニーズを察知する、子どもの生活環境の中にいる信頼できる身近な人。

・気持ちや願い、問題や病気についてオープンに話し、子どもが自分に関連するさまざまな事柄について年齢にあった情報を得て、意思決定に参加してフィードバックを得られる家族。

　まずは親が、子どもの基本的な欲求を満たし、それによってレジリエンスの発達に決定的に寄与する身近な人となります。成長するにつれて、親に並んで祖父母、おじやおば、兄姉のような家族のメンバー、同学年の仲間、先生たちが、子どもの精神的なタフさを育む人となります。精神疾患の親がいる子どもにとって、自分を支えてくれる家族以外の人との関係は、親の病気が突然悪化して入院せざるを得ないといった特定の状況のときに、とても助けになり負担を軽減してくれます。精神疾患の親がいるレジリエンスの高い子どもには、このような困難な状況で自分に安全とバランス、気晴らしをもたらしてくれる人物が自分の社会環境の中にいて、その人と連絡を取ることができます。彼らには、このような困難な時期に、親戚や、理解と共感をもって気を配りサポートしてくれる先生たちなど、信頼できる身近な人がいます。

　精神疾患の親がいる子どものレジリエンスは、具体的にどのように高めていったらいいでしょうか？　あなたは、子どもを強くするために親としてなにができるでしょうか？

1　子どもに親密さと情緒的な安心感を伝える

　私たち人間は、不安や恐怖を感じたり、ストレスを感じるような状況では、親しい人からの親密さや優しい心遣い、保護やサポートがほしいという欲求を生まれながらにして持っています。ストレス、分離、危険を感じる

ときに、身近な人との親密さを必要とするのは、生まれた直後からはじまって、これは生涯を通じて変わりません。経験や学習によらない生まれながらの行動レパートリーを持つ乳児は、生後1年の間に最初の身近な人物に対する親密さを確保します。通常は出生前および出生時の経験を通して、子どもが最初に親密さを確保する身近な人物は母親です。それと並んで、子どもは父親、きょうだい、そしてさらに祖父母、おじ、おばなどの身近な人との愛着関係を構築していきます。子どもは生後1年の間にさまざまな身近な人に対して、「心の中で順位」をつけます。多くの場合、母親が中心的な身近な人として最上位にきます。

愛着は特に、身近な人を求める、泣く、追いかける、しがみつくなど、見捨てられたときの抗議としての行為に現れます。そこには、怒り、絶望、悲しみ、失望、あきらめなどの感情があります。

安定した情緒的基盤があって、親密さと愛着の必要が満たされることで初めて、子どもは生来の探索行動ができるようになります。探索行動とは、周囲を探索し、新しい経験をし、知識を広げるといった子どもがもっている衝動や好奇心のことです。このような好奇心に満ちた探索行動は、だいたい2歳の頃から目に見えて増え、その際に子どもは、視線や身体的接触を通して、繰り返し母親や父親から安心感を得ようとします。子どもの探索行動はストレスのある状況では少なくなり、逆に子どもが安心した、幸福な状態だと増えます。身近な人に頼り、安心と支えを感じることで、子どもは世界を発見し、好奇心を持つことができるのです。

子どもが抱く身近な人に対する愛着の気持ちは、もとから与えられているものではなく、生まれてから1年の間に、日常的な相互の触れ合いを通じて段階的に育まれるものです。だいたい3歳になるまでには安定した柔軟性のある愛着を築くことができます。ところで、このような安定した愛着はどのようにして生まれるのでしょうか?

1-1　安定した愛着は身近な人の敏感な行動によって育まれる

すべての子どもには最初から自分の周囲の世界に触れようとする衝動があり、まわりに対してシグナルで自分の要求を伝えます。子どもが満たされ、親や家族などの身近な人への安定した愛着を育むためには、子どもからのシ

グナルを認識し、理解し、状況や子どもの状態に合わせて素早く適切に対応することを学ばなければなりません。子どもに対するこのような親の行動は、通常、生まれたときから親子関係を規定します。親は子どもに対する行動を意識的に学ぶわけではなく、その場その場で行動するので、親の子どもに対する敏感さ、あるいは直観的な行動が大切になります。このとき、親自身も、自分がすでにこのようなきめ細やかな行動を取っていることに気づいていないことも多いです。

注 記

　敏感な行動には次のような特徴があります。
- 親は子どもが出すシグナルや行動に基づいて子どもの欲求に気づく。
- 親は子どもからのシグナルを子ども視点で正しく評価する。
- 親は子どもの年齢に合わせて、子どものニーズに適切な対応をする。ここでの適切さとは、過保護やケアのし過ぎを避け、年齢に応じて必要なかたち、あるいは子ども自身が要求・要望するかたちで援助や支援をすることである。すでに子どもが自分でできることを親がするのは、子どもを助けることにはならない。
- 子どもの要求に素早く対応をすることで、子どもは自分の行動と身近な人の反応が直接結びついているのを見出せる。

　精神疾患などによって子どもが感じるストレスは、上記のような親の敏感な行動によって、少なくとも一時的に減らすことができます。ところが、精神疾患のある親にとって、子どもの欲求を認識し、正しく理解したり、子どもに安心感を伝えたりすることはむずかしいですし、子どもが小さくて、まだ言葉で的確に表現できないときは特にそれがむずかしくなります。

　例：うつ病
　あるうつ病を患う母親は、自分の子どもの面倒をみるのがむずかしいと言いました。「調子が悪いときは、子どもの相手をするのが大変で、子どもが泣いたり叫んだりしてなにを伝えようとしているのか、この状況でなにを必要としているのかがわからなくなるんです。特に朝はしんどいことが多いです。そのせいで、子どもを見守ったり、子どもに話しかけたりするのを避けてしまいます。そうすると、ひどい罪悪感がおそってきます。あまり子どもの面倒をみていないひどい母親だという気

> **練 習**
> 　泣いたり落ち着きがなかったり、叫んだり喜んだり笑ったりというような、子どもからのシグナルに注目してみましょう。
> ・どのようなシチュエーションで子どもはこういったシグナルを発しているでしょうか？　シグナルとシチュエーションをメモしてみましょう。
> ・子どもはそれによってあなたになにを伝えたいのでしょうか？
> ・あなたはそれにどう反応しましたか？
> ・あなたはほかにもどのような反応ができたでしょうか？

　敏感さは、親が他者の視点に立てる能力をもっていることが前提となります。他者の視点に立つというのは、子どもの相手をし、子どもの気持ちや欲求について理解を深める能力のことをいいます（第2章の4節〔66ページ〜〕参照）。子どものシグナルに敏感に反応するには、親自身もその状況の中で自分を振り返り、自分の気持ちを察知し、自分の欲求を見つけ、それを真剣に受け止めるのが一番効果的です。これについては次のちょっとした練習でわかるでしょう。9)

> **練 習**
> 　次の状況を想像してみましょう。ある夫婦が子ども2人をベッドへ連れて行ったあと、夫婦だけで映画を見ながらワインを飲みたいと思っています。ところが、しばらくすると妹がママを呼びはじめます。お兄ちゃんも寝ようとしないし、お兄ちゃんは妹に怒りはじめます。妹はそれで泣きはじめてしまいます……。
> ・子どもの側にはどんな欲求があると思いますか？
> ・親の側にはどんな欲求があると思いますか？
> ・親が子どもの欲求に対して敏感に対応するとしたら、それはどのようなものになるでしょうか？
> ・親は自分自身の気持ちと欲求にどう対応したらよいでしょうか？

1-2　子どもが母親・父親と安定した愛着を築くためには、なにが必要か？

　子どもの発するシグナルに対して、子どもの状況や状態に合わせて素早く適切に対応するために、まずは3歳までの子どもにはどんな欲求があるのか、安定した愛着を育むためになにを必要としているかを、もう一度確認しましょう。経験豊富なセラピストや心理士は、子どもが1歳の時点で次のような欲求をもつとまとめています。10)

・**子どもは親密さ、愛情、スキンシップを必要とします。**好かれている、大切にされているというような気持ちの面から感じ取れる愛情に加え、肌を通して愛情を感じることも、もうひとつの基本的な欲求です。子どもを抱っこしたり、なでたり抱きしめたりすることで、信頼できる誰かがそばにいるという確かさを伝え、拠りどころ、愛情、そして心の温もりを伝えることができます。

・**子どもはアイコンタクトを必要としています。**生まれてから最初の数か月は、子どもが母親や父親の顔を見て、表情や顔の動きを観察できるようにすることが大切です。生後8週から12週という早い段階で、子どもはすでに笑顔を返せるようになり、他者とアイコンタクトを取ったり、好きなだけ見つめたりすることによって社会的な触れ合いができるようになります。子どもは幼い頃から、身近な人と触れ合うことで大きな喜びを育みます。あなたが笑顔や音と組み合わせたアイコンタクトをして子どもからのシグナルに応答することで、子どもは母親や父親が自分の方を向いてくれていて、それゆえに反応を引き出せる経験をします。

・**子どもは反応を必要としています。**子どもの声に反応し、いわば子どもからのシグナルに応答することで、自分がなにかに影響を与えて、母親や父親から思いやりのある反応を引き出すことができるという経験をさせてあげます。応答を受け取ることで、子どもは親と触れ合う際の楽しさを育みます。心理学では、子どものシグナルに対する親からの特別な注意と感受性のことを「マッチング」という概念で表しています。応答があることで、子どもは身近な人との触れ合いを経験します。これは子どもにとって最初のコミュニケーションの経験であり、これによって、関係構築や人との交流のための基

礎を学ぶのです。親の反応を引き出すことができるという経験は、子どもの自信や自己効力感を育みます。応答するということは、さらに、子どもの気持ちの状態を反映してあげることも含んでいます。これは、子どもが自分の気持ちに対処し、気持ちを制御する、つまり整理してコントロールするのに役立ちます。これによって、子どもの内省力が育つのです。

ワンポイント・アドバイス

　とはいえ、子どものあらゆるシグナルに応答する必要はありません。もし毎回自分が出すシグナルに親が反応したら、子どもは混乱してしまうかもしれません。あなたは自分でも気づかないうちにシグナルに反応していることだってあります。だから、親としては、遊びの場面、お風呂や服を着せるとき、寝る前などに、気をつけて子どもの声に対して応答するので十分なのです。

・**子どもを安心させなければなりません。**まだ言葉で伝えることのできない子どもが叫ぶのはどんな親にとっても特にストレスです。精神疾患は多くの場合、感じやすさや「神経の過敏さ」と結びついているので、泣いている子どもを落ち着かせる能力に限界がきてしまうことが多いです。子どもを落ち着かせるためにこれまでどのようなテクニックを使ってきたでしょうか？どのような行動が、どのような状況で効果的だったでしょうか？　子どもは、あなたが落ち着かせようとするのに対してどう反応したでしょうか？

　特に次のテクニックは、子どもを落ち着かせるのに効果的です。
－子どもの注意をそらしたり気を散らしたりする（例：指遊び、おもちゃ、絵本
　などで）
－歌ったり声のトーンを変えたりする
－スキンシップを取る（例：高い高いをする、なでる、体を抱きしめてみる）
－ゆっくり体を動かす、揺らす、持ちあげる、ぶらぶらさせる、おしゃぶり
　をさせる
－飲み物をあげる
－お風呂に入れる
－部屋を暗くして、くつろげるようにする

落ち着かせるテクニックを一番うまく使えるのは、子どもが泣き叫んでいる理由を突き止められたときです。子どもが泣き叫ぶ理由として考えられることはいろいろで、眠気や疲れ、空腹やのどの渇き、身体的不快感（おむつがいっぱい、痛い、寒い、暑すぎる）、不安、そばにいたい、遊びたい欲求がある、駄々をこねている、決められた制約を受け入れたくないなどがあります。

ワンポイント・アドバイス

　子どもをうまく落ち着かせることができたら、あなたも安心するし、同時に子どもとあなたの関係にもよい影響を与えます。あなたは子どもに対して、よりリラックスして穏やかに接することができます。それによって、子どもは安心し、わかってもらえていると感じます。

・**子どもは自発的な活動をするための衝動を必要としています。**子どもには、生まれたときから自発的な活動への衝動があります。これによって、彼らは徐々に新しいスキルを身につけ、それを試していきます。この自発的な活動への衝動は、受け止めるだけでなく、積極的に促してあげることが大切です。子どもには自分の能力を試す機会が必要です。そのための重要な手段がおもちゃです。たとえば、ぬいぐるみ、ガラガラなど音の出るおもちゃ、積み木、サイコロ、人形、乗り物のおもちゃなど、年齢に合った、色とりどりの魅力的な遊び道具を使うことで、子どもは物に夢中になったり、いろいろな物を試してみるようになります。そうすることで、さまざまな新しい経験をしたり、楽しみながら経験を繰り返したりします。

・**子どもは言語的な出会いを必要としています。**上記のような子どもの自発的な活動を促すのに加えて重要なのは、たとえ乳幼児が言葉の意味を理解していなくても、生まれたときから子どもに話しかけることです。母親や父親が発する言葉を通して、子どもは世界——人、物、行動、状況——を知ります。これによって、自分自身と周囲の世界とを区別し、たとえば服の脱ぎ着、入浴、就寝などの動作の順序の規則性をよりよく認識し、判断できるようになります。言葉でコミュニケーションを取ることで、子どもの言語感覚はさらに発達します。言葉の発達は、子どもが自分で話せるようになるずっと前からはじまっています。発話は、子どもの衝動や活動のサポートもしま

すし、子どもの自律を促します。親が説明してあげることで、子どもは自分自身と対話することを学びます。自己対話は、いずれ子どもが問題解決のための戦略を見つけるときに必要な条件となります。親が子どもになにかを説明をしてあげるときの言葉には、次のようなものがあります。

－子どもの行動を描写する（例：「高いタワーを作っているね」）

－子どもの知覚を描写する（例：「鳥の声が聴こえてくるね」）

－子どもの感情の状態を描写する（例：「悲しいね」）

－親の行動を描写する（例：「今ベッドから出してあげるね」）

－親の感情の状態を描写する（例：「○○がいてくれて幸せ」）

ワンポイント・アドバイス

　あなたが今なにをしていて、子どもに対してどんな気持ちなのかを子どもに説明しましょう。そして、子どもが今なにをしていて、子どもがどんな気持ちなのか、なにを感じているのかを説明してあげましょう。このときに、子どもの年齢や発達段階にあった言葉で話しかけるように心がけてください。

・子どもは、母親や父親にゴールを設定してもらう経験、つまりリードしてもらう経験と、自分自身でゴールを設定し、親についてきてもらう経験の両方を必要としています。親がリードすることとついていくことは親子関係における重要な原則で、最初のルールや境界線に慣れさせ、子どもの自律性や自主性の発達を促します。リードすること、すなわち親が目標を設定することは、乳幼児期にすでに、授乳、おむつ替え、沐浴などの子どもの世話の中で行われています。親によるリードは、個々の行動の手順を、明確で理解しやすい言葉で子どもに説明してあげることで可能になります。発達心理学者やセラピストは、年齢があがるにつれて親が「リードする」というテーマがより重要になると指摘しています。なぜなら、子どもは動きまわり、自分のまわりの世界を発見したがり、自分の意志を示すようになり、親との最初の権力闘争が、授乳時にははじまるからです。発達心理学では、こうした最初の権力闘争が生後18か月頃にピークを迎えることがわかっています。その頃には子どもはもう歩けるようになっていて、言葉を理解し、すでに自分の意見を言うようになっています。自分が自立した存在であることを発見し、限界を試すようになります。これは子どもにとって自然な欲求であり、そし

て発達における重要な段階です。

ワンポイント・アドバイス
　子どもの成長にとって重要なのは、あなたが制限を作り、その制限を子どもに説明することです。そうすることで、子どもは徐々にこういった制限やルールを受け入れるようになります。このようにして、子どもは適応し、集団に溶け込むことを学習します。

　他方で、遊びの場面では、親が子どもの設定した目標についていきます。親は子どもの活動や衝動に応じたり（たとえば、ボールを転がして子どもに返したり、子どもと同じように積み木をバケツに入れたり）、タワーを作るのを手伝ったりして、子どもがなにかを新しく発見するのを手伝います。子どもの自然な学習欲求や発見欲求に対する親の対応は、子どもが成長するにつれて変化していきます。

ワンポイント・アドバイス
　子どもに対して常に完璧で敏感な行動をとれる親はいません。精神的に健康な親であっても、子どもの行動を察知し、それを正しく理解し、年齢に応じて子どもの要求に迅速に対応できるとはかぎりません。ですから、プレッシャーを感じないでください！
　母親として、父親として、自分が描くような望ましい対応ができていないことに気づいたら、すぐに間違いを正すようにしましょう。親子関係の問題は、きちんと気づくことができれば、修復し、改善することができます。その後、子どものシグナルにもう一度注意を払い、年齢に応じ、状況に合わせた対応ができる親としてのあなたの能力を信じてください。このようにして、子どもが順調に成長するための重要な前提条件を作り出していくのです。

2　褒めたり認めたりすることで、子どもに情緒的な安心感と愛着を与える

　年齢を重ねるにつれて子どもの言語能力は発達します。大人の言葉を理解するようになり、自分自身のことも言葉で上手に表現できるようになってい

きます。そのため、褒めたり認めたりするのは――これは言語と非言語の両方で表現され、言葉は表情やジェスチャーによって補強されます――親子関係でますます重要になっていきます。親が子どもを褒め、認めることで、家族関係はよい雰囲気になり、精神的なつながりができていきます。家の雰囲気がよくて、家族に精神的なつながりがあるのは、幼稚園や学校での子どもの全体的な幸福度や生活の質によい影響を与える、家庭の重要な保護因子です（第2章2-2〔57ページ〜〕参照）。ここで、親が日常生活で褒めたり、認めたりするのを伝えるときに特に気をつけるべき「ルール」がいくつかあるので、それを見てみましょう。8)

　ポジティブに、無条件に褒める。あなたが自分の子どもを褒めたり認めたりするときは、できるだけ具体的で、無条件に、ポジティブに、はっきりと伝えましょう。

・具体的：なにについて褒めているか、正確に言う（例：よい成績、スポーツでの表彰、勇気、Tシャツを自分で替えるなど）。

・無条件：あなたの褒め言葉の中に決して条件をつけない（例：「だいぶ」「だいたい」「まあまあいい」）。

・後半にネガティブな文をつけ加えない：褒めたあとにネガティブな文を続けない（例：「〜はすごくいいね。でも〜」）。

・はっきり褒める：はっきりした褒め言葉を言う（歯に物が挟まったようなニュアンスを避ける）。

　例：親の褒め言葉、認める言葉
　・「○○が工作したこれ、素敵だね。」
　・「今日、宿題すごくはやく終わらせたね。嬉しいね」
　・「サッカーがうまくて、○○のことが誇らしいよ」
　・「○○がリコーダーを吹いているのを聴くの、すごく好きだよ」
　・「まだ小さい妹と、すごく上手に遊んでくれてるね」

　正しく聞きとる。子どもが発する言葉の裏側には、話さなかった気持ち、思い、願いなどが隠れていることが多いです。特にストレスがかかっているとき、子どもは自分の気持ちや願いをうまく表現できないことが多いです。

例：本人の気持ちが隠れている子どもの発言
- 「放っといて。私／僕のことなんてどうでもいいんでしょ」
- 「いつも邪魔してこないでよ。ひとりでできるもん。もう大きいんだから」
- 「マヤちゃんの親はひとりで自転車で学校へ行くのがオッケーなんだって。私／僕はあの子より1歳も年上なんだよ」

　正しく聞きとるための原則は、子どもが口に出さなかった気持ちや願いを親がかわりに言葉にして、それを子どもに伝えることです。これには、親が子どもの視点に立って、世界をいわば子どもの目を通して見ようとすることが前提となります。子どものことを理解しようとしているし、気持ちや願いについて話そうとしているのをはっきり見せなくてはいけません。

例：上記の子どもの発言に対する親の反応
- 「今○○が夢中になっていることにママやパパが興味をもっていないと感じているから、がっかりしているんだね」
- 「ひとりで自転車通学していいよって、そう言ってほしいんだよね。わかるよ」

　ここで重要なのは、あなたが親として子どもに対して、自分自身の体験、自身の考えや気持ちも伝えることです。たとえば、すぐに十分な反応ができなかった場合は、自分のことで精一杯だったり、なにかが起こるかもしれないと心配していたせいであまり気遣えなかった、ということを伝えるのです。子どもはこのようにして、特定の状況や問題にはさまざまな見方や経験の仕方があるということを学びます。他者の視点に立ったり自己反省をすることで、親は子どもの内省力を育てていきます。
　共感に富んだ親の言葉。子どもに「奇跡」を起こすことができる魔法のフレーズは、共感して応援する発言です。このような発言をするときにあなたの思いも次のように率直に伝えてください。

例：共感に富んだ親の言葉

- ・「大好きだよ」
- ・「○○のこと、よくわかるよ」
- ・「○○がいてくれて、私たちはすごく幸せだよ」
- ・「それはごくふつうのことだよ」
- ・「今日はゆっくり休んでいいんだよ」
- ・「ゆっくりやっていこう」
- ・「話したくなったら、○○が抱えている問題について話してね」
- ・「ゆっくりでいいんだよ」
- ・「誰だって○○や私みたいに、弱点もあるし、間違うこともあるんだよ」
- ・「○○のことも○○の力も信じているよ」
- ・「○○は私の自慢だよ」
- ・「ひとりじゃないよ。私（たち）がいるよ」
- ・「○○は頑張り屋さんだね。○○はかっこういいね。○○はかわいいね」など
- ・「こっちにおいで。よしよしするよ」
- ・「みんなで協力してやったら、もっと早くできるよ」
- ・「この話についてどう思っている？」
- ・「私のことが必要だったらおいで。助けるからね」
- ・「そんなに悪いことじゃないね」
- ・「大丈夫」
- ・「できるよ」

　子どもたちにとって宝物のような体験は、大きなことではなく、小さなできごとや一見するとささいな仕草であることが多いです。ほとんどの親は、子どもにとって重要なメッセージをわかっているので、ここでそのすべてを列挙する必要はないでしょう。でも、病気にまつわる悩みや苦労から、それを見失ってしまうこともあります。そのようなときのために、いくつかできることをここに挙げておきます。

- ・子どもの小さな成功体験を強調し、うまくいかないことはなにかを学ぶ機会だと伝える。
- ・あなたがたとえ別の考えをもっていたとしても、子どもの意見を真剣に受

け止める。
・庭をどう作るかや週末どこへ行くかなど、家族で決めることに子どもを参
　加させる。

注　記
　　褒め、認め、尊重することで、子どもの精神的な成長や自信を育てることができ
ます。自信がある子どもは信頼、自己肯定感、心の安定、強さといった一連の能力
だけでなく、問題を解決するための勇気と自信を持ち、自己効力感に結びつくさま
ざまな能力を持っています。自己効力感への期待が高い子どもは、自分の能力や努
力で目標を達成し、自分のまわりの環境に対して影響力をもてるということを確信
しています。

　たとえば、心を開いて自分の気持ちを打ち明けやすくなると、上手に褒め
たり認めたりできます。あなた自身は、次の点についてどうですか？
・気持ちをオープンに話した経験はありますか？
・気持ちをオープンに話すことに怖さやためらいはありますか？
・「率直な言葉」は、子どもたちにどう受け止められるでしょうか？
・気持ちを口に出すことは、家族生活や家庭の雰囲気にどのような影響があ
　るでしょうか？

3　子どもが問題に対処できるようにサポートする

　ほかの子どもたちと同じように、精神疾患の親がいる子どもも、家庭や学
校、余暇の時間など日常生活の中でしばしば問題に直面します。家庭では、
部屋が片づいていないから、とか、宿題をまだしていないから、という理由
で緊張や衝突があるし、なにも聞かずにおもちゃや CD をきょうだいの部
屋から取ったことできょうだい喧嘩がはじまったりします。学校では、クラ
スメートから嘘つきだと疑われたり、校庭で喧嘩をしたせいで校長先生に呼
び出されるはめになったり、成績が悪くてクラスのみんなの前でからかわれ
たりして、緊張や衝突が生まれます。余暇の時間では、グラウンドで一緒に
サッカーをさせてもらえないとか、誕生日パーティーに誘われなかったり、

急に友だちに距離をおかれて約束がやぶられたりして、緊張や衝突が生まれます。

　子どもは、大人から見ればささいなことに思えるような日常の緊張や問題をストレスとして感じることがよくあります。子どもは友だちとの喧嘩をこの世の終わりのように体験しますが、親はそのような争いは数日後には解決するような一時的なものだと考えていて、こういった問題をそこまで重要視していないことがあります。

注 記

　子どもは家庭、学校、余暇の時間における緊張や問題を、親やほかの身近な大人が考えるのとは違って──しばしば大きなストレスとして──経験することが多いです。そのため、子どもと一緒に注意深く状況や、その状況と結びついた気持ちや不安について話し、彼らの評価、心配、辛さに対して真剣に取り組むことが大切です。

　ある状況をどのように評価すべきかに関しては、もっぱら当事者の視点からしか答えを出すことができません。

　子どもにとっての問題や緊張というのは、すぐに逃げ道や解決策を見つけられないため、非常なストレスとしてのしかかることが多いです。そして、子どもは、衝突に対処するのに十分な戦略をまだ持ち合わせていません。大人だったらそういう状況で発動させるであろう、ある種の戦略は、子どもにはあまり許容できるものでないか、あるいはまったく受け入れられるものではありません。ひとつの逃げ道として、大人のように身を引いてその場を離れるという戦略は、子どもは簡単に実行できません。それに加えて、多くの問題は親や先生などの身近にいる重要な人物と密接に関係しているため、子どもがたったひとりで問題に対して影響力をもてる機会は比較的少ないです。多くの場合、親やほかの大人しか子どもをストレスの多い問題から守ったり、少なくともそれを軽減してあげたりできません。

　精神疾患の親がいる子どもには、日常的な問題や緊張だけでなく、さらに親の病気と関係するストレスが加わることになります。子どもは親のことを心配し、家庭の責任を引き受け、親のために家での諸々の仕事を引き受けることで親の負担を軽くしてあげようと努力し、自分自身も病気になるんじゃ

ないかという不安を膨らませたり、あるいは家庭での沈黙の掟に苦しみます。これに加えて親に対して罪悪感を覚えたり、家の外では苦い差別経験やスティグマの経験をすることも少なくありません。これらのストレスが、ほかの子どもと同じように経験する日常での問題や緊張に、ある種、上乗せされることになるのです。

この追加のストレス体験は、ストレスとリラックスの通常の相互作用を崩壊させてしまいます。親が精神的に健康な子どもは、成績が悪くてがっかりしたり、友だちと喧嘩をしてひどく怒ったりしても、スポーツで成功体験をしたり、家族で楽しく外出をしたり、母親や父親と一緒に遊ぶことでバランスをとっています。こうして怒りや絶望は次第に激しさを失い、ストレスの感覚も消えていきます。

精神疾患の親がいる子どもはこのリラックスがうまくいかないことが多いです。「オフにする」ことができないのです。素敵な経験や家族との活動でさえ、ストレスを消し去ることができません。心配、不安、罪悪感、あるいは責任を引き受けることによる重圧によって、子どもは常に緊迫した状態に陥り、精神的な負担がかかり続けます。ここへ突然降ってきたさらなるストレス、たとえば病気の母親の健康状態が急に悪化したり、クラスメートとひどく喧嘩をしたり、ほかの傷つく経験が引き金となり、子どもの情緒は不安定になり、完全に押しつぶされてしまうことがあります。

　例：トーマス
　トーマスは12歳の小学校6年生です。うつ病を患い、ここ数年は摂食障害に苦しむ母親と暮らしています。トーマスは父親のことを知りません。父親は、恋人だった母親とは妊娠中に別れ、それ以降息子のトーマスと連絡を取っていません。

　トーマスはとても太っていて、すごく控えめで、シャイで引っ込み思案な男の子です。トーマスは母親を助けてたくさん家事をします。部屋を片づけ、「もし母親の調子が悪かったら」買い物へ行き、母親の気を紛らわせて明るい気持ちになれるようにします。トーマスは、自分の祖母、そしてよく家に来る同じ建物に住むお隣さんとしか交流がありません。トーマスには友だちがほとんどいなくて、学校以外で同年代の子との交流も少ないです。クラスメートの誕生日会にはほとんど誘われな

いし、彼自身も家に誰かを招待することはほぼありません。学校では、彼が太っていて、「変な」母親がいるというのでよくからかわれ、彼はそれでとても悲しくなり、ときには怒りがわいてくることもあります。トーマスは自分の気持ちについて誰とも話しません。学校へ行くこと自体は好きです。成績もよくて、先生からも好かれていて、先生から実科学校（職業教育に特化した中等教育学校）へ行くための入学推薦状ももらっています。

　ここ数週間、トーマスは母親の体調を心配しています。母親がほとんどなにも食べなくて、トーマスが食べるように言っても聞いてくれないので、このまま死んでしまうのではないかと不安なのです。母親は朝起きられなくなり、泣いてばかりで、もうなにもかも無意味なんだと言うことが増えました。トーマスは家で母親の面倒をもっとしっかりみられるように、できれば学校へ行きたくありません。算数は大好きな教科なのに、試験でひどい点を取りました。最近は宿題をしないで学校へ行くことが多くなり、担任の先生からはそれについて怒られたりもしました。

　ある日、体育の授業で不器用なせいで、クラスメートに笑われて、からかわれたとき、彼はキレて、感情が爆発しました。ひどく泣きはじめ、乱暴に暴れはじめたのです。そのときに、クラスメートを殴り、体操器具の縁に頭をぶつけて転倒させ、出血させてしまいました。

　自分でも愕然として教室へ走っていき、カバンを取って、家へ走って帰りました。次の日は、学校へ行くのを拒否しました。さらに次の日も、母親を説得し、お腹が痛いから学校はお休みしました。そうこうするうちに、トーマスはもう6週間も学校へ行っていません。

子どもが問題に対処するためにどう手助けしたらいいか？　なにをすべきか？

　子どもは困難や問題にうまく対処できたとき、ほっとするのと同時に自尊心が高まります。それによって、自分が問題に翻弄される無力な存在ではなく、問題解決にはエネルギーと力を注ぐ価値があることを体験するのです。彼らは再びなにかを動かし、変えることができるという確信を取り戻します。

　ところで、「優れた問題解決者」の特徴はなんでしょうか？「優れた問題

解決者」は、問題があるときにより多くの解決策を考えられて、ひとつの解決策を心に決めたらそれを実行に移す点で、「ダメな問題解決者」とは違います。「優れた問題解決者」はそれに加えて、どうしてほかの人がそのように振る舞うのか、どのように行動するのか、そして自分の行動がほかの人に対してどのような影響をもつのかを、よくわかってもいます。

注記
「優れた問題解決者」は、自分自身について考えを巡らせて、気持ちや行動を制御し、ほかの人の身になって、彼らの気持ちや考えを理解することができます。つまり彼らには、自己内省、自己制御、ほかの人の視点に立つ、といった能力があります。

　あなたの子どもを「優れた問題解決者」へと育てるために、あなたにはなにができるでしょうか？　その際、具体的にどうやって子どもをサポートしたらいいでしょうか？　心理学の研究では、問題解決には段階的なアプローチが有効なことがわかっており、以下では問題解決のためのステップについて説明していきます。8)

第1ステップ：問題を認識し、言語化する：問題や悩みはなに？
　問題の解決策を見つけるためには、まず、まさになにが問題なのかを洗い出す必要があります。これに加えて、状況、気持ち、悩みを明確にし、どの問題がいつどこで生じたのかをしっかり考えなければなりません。
　子どもが辛そうにしていることに気づいたり、問題に気がついたり見当がついたときは、子どもと話してみましょう。子どもが、自分の悩みや困っていることを話せるように励まして、話すための時間をきっちり取りましょう（例：「なにか辛そうにしているのには気づいているよ。なにに悩んでいるのか、教えてくれる？　なにを心配しているのかな？　もしよかったら、今抱えている問題について話してみて」）。このときに、「問題のごちゃまぜ鍋」というイメージがあると、悩みや問題について子どもと話すとっかかりが作りやすいです（次のコラムを参照）。

たとえて言うなら：「問題のごちゃまぜ鍋」

　鍋みたいに、何日も、何週間も、あるいは何か月にもわたって問題と悩みが積み重なっていくことがあります。そうすると、最後のほうでは、もはや鍋の中になにが入っているのか、いったいどんなささいなできごとや大きなできごとがあって、こんなに機嫌が悪くなっているのか、悲しくなっているのかが、自分でもわからなくなってしまいます。鍋のふたを開けないと、問題はいつか吹きこぼれて、全部あふれ出てきてしまいます。そうなってしまうと、たいていはどうしたらいいかわからなくなります。そうではなくて、もしふたを開けて鍋の中をのぞき込み、誰かと一緒に、そこに溜まったものについて話したら、気分はよくなります。多くのことは、最悪には見えなくなり、これからどうなりそうなのか、なにができるのか、問題の解決策が見つかります。そうすれば、悩みは小さくなっていきます。

　このような話をするための時間を慎重に選びましょう。あなた自身の機嫌が悪かったり、ストレスが多かったり、あるいはほかのことでいっぱいいっぱいになっているときに話しはじめないようにしましょう。子どもは、一見すると、自分の問題について話したくなさそうな雰囲気を醸し出していることが多いです。これにはいろいろな原因があります。もしかしたら、まだ気持ちや悩みについて自分でもきちんとわかっていなかったり、これらを言語化できていなかったり、あるいは親に遠慮して黙っているということもあります。子どもは、親がものすごく心配して気持ちが高ぶってしまったり、特定のテーマについて話すことで親を不快にさせてしまうのを恐れています。あなたは、話をしようと伝えることで、子どもに対していつでも話す準備ができているというメッセージを送ります。子どもが自分の問題について話すのを急かしてはいけません。

ワンポイント・アドバイス
・子どもが自分の問題や悩みについて話すのを急かしてはいけません！
・いつでも話す準備ができているというシグナルを子どもに伝えましょう！
・子どもが自分の悩みや問題についてまだ話したくないなら、それを受け入れましょう！

　問題の根幹に迫るためには、子どもが自分の考えや感情を話し、できごとについて語るための空間と時間をつくってあげることが必要です。あなたは

しっかり耳を傾け、決して子どもの話を途中で遮ってはいけません。

　次のような質問をすることで、子どもは自分自身の問題の根幹にたどり着きやすくなります。
・「なにについて悩んでいるの？」
・「具体的になにが○○の問題なのかな？　その問題はいつ出てきたの？　どこで出てきたの？」
・「○○の心の中で、なにが起きているの？　それについて、どう考えている？」
・「どんな気持ちなのかな？」

> 例：トーマス
> 　母親の体調が悪いので、トーマスは気持ちが落ち込んでいます。あらゆる起こりそうな事態を、いつも考えていなければいけないからです。学校での問題も、子どもにとっては厄介です。一方では、学校へ行きたいという思いがあるけれど、でもやはり恥ずかしいし、先生やクラスメートの反応がとても怖い、という両極端の間で引き裂かれています。それに、「問題のごちゃまぜ鍋」のなかには、友だちが全然いないので、大きな悲しみも入っています。心の奥底には、父親について知りたい、いつか会うことをお母さんに許してもらいたいという大きな願いが隠れています。

　トーマスの「問題のごちゃまぜ鍋」の中には、多くの問題が詰め込まれていました。すべての問題の解決策を同時に模索するのは不可能です。ですから、あなたは子どもと一緒に、まずはどの問題の解決策を見つけないといけないのかを考えてみるといいでしょう（例：「一番気になっていることはなに？　今、なにが心配？　力になるからね」）。
　多くの問題が出てきたときは、なるべく「一番むずかしい問題」の解決策を探すことからははじめないようにしましょう。自動的に最初に取り組むことになるのは、たいていは緊急性の高い問題です。トーマスの場合でいうと、「学校の問題」が特に差し迫った問題です。

第2ステップ：問題の解決策を探る：この問題に対してどんな解決策がある？

　それぞれの問題に対して、できるだけ多くの解決策を「声に出して」考えるように、子どもを励まします。子どもの頭に浮かんだアイディアや提案を、すぐに評価したり、どのように実現するかは考えないで、まずはすべてならべていきます。個々の解決案を検討し、その解決案を実行に移したときの結果を考えるのは、解決案をリストアップした後でなければいけません。

　まずは次の点に焦点を当ててください。「なにができる？　それ以外にはさらになにができる？　今は、○○がいろんな解決策を考えるのが大事だよ。○○が思いついたことを全部、書き留めるね」。年齢が上になると、解決策の候補を自分で書き出したがる場合が多いです。

　もし子どもが最初にひとつの解決策しか見つけられなかったとしても、まずはそれをはっきりと褒めます。同時に重要なのは、後で一番よい解決策を見出すために、まずはできるだけ多くの可能性を見つけるといい、ということを子どもが頭に置いておくことです（例：「これはひとつの可能性だね。もっと考えてみよう。もしかしたら、ほかにもできることを思いつくかもしれないね」）。

　もちろん、あなたがアイディアを出すことで、子どもが問題解決策を見つける助けができます（例：「私もひとつ思いついたんだけど……」）。でも、あなたは自分の解決策や見方を子どもが採用するように強いてはいけません。あなたが主にやるべきなのは、子どもが自分自身の解決策を見つけるように励まし、やる気を出させることです。子どもにはそのための時間が必要です。焦りは禁物です。

　子どもは、目の前の問題の解決につながらなかったり、問題がもっと大きくなってしまうような解決策を挙げてくることがあります。たとえば、

・八つ当たりをする、暴れる、人を殴る、泣く。
・困難を避ける、問題を避ける、不快な状況を避けようとする。

　このような解決策を非難したり、子どもを批判したりするのではなく、子どもと一緒に話し合って、子どもが自分で考えられるように導いてあげる必要があります（例：「○○がそういう反応をしたら、どんなよいことがあると思う？　そういう反応をしたときの悪いことも、考えてみたらなにかあるかな？」）。

　メリットとデメリットを一緒に洗い出すといいです。子どもと一緒に、見つけた解決策とそれに対する評価（メリットとデメリット）について話すこと

が大事です。メリットとデメリットに関して、子どもがうまく考えられなかったら（たとえば、子どもは自分の攻撃的な態度のメリットしか想像できない場合があります。「私／僕はそれで怒りが静まるよ」「そうしたら、みんな邪魔をしてこないよ」「これ以上馬鹿にされることもないよ」と考えている場合）、子どもが提案した解決策に対してあなたの考えを子ども視点から話すといいです。あなたは次のように、子どもの立場に立った評価をします。

「もしママ／パパが○○の立場だったら、
・友だちが減っちゃうかも
・みんなが自分のことを、人を殴るやつだと思うかも
・誰も一緒に遊ぼうとしなくなるかも
・先生に怒られるかも
ってことも考えるなあ」

ワンポイント・アドバイス
さまざまな解決策を考えることに集中して取り組みます。
・こうすることで、ひとつの問題にはひとつしか解決策がないのではなく、あくまでも解決策の候補はたくさんあるのだということが、子どもにも明らかになるはずです。
・それによって、子どもは、解決策のメリットとデメリットを把握し、天秤にかけて考えることを学ぶはずです。

第3ステップ：ありうる結果について考える：その解決策を取るとなにが起こりそう？

　問題に対する解決策をできるだけ多く「声に出して」考え、必要に応じてメリットとデメリットを比べて考えてみるように子どもを促した後、さらに、子どもが自分で考え出したすべての解決案がもたらしそうな結果について考えさせます。次のような質問を子どもにするとよいでしょう。
・「○○がそう反応するとしたら、なにが起きると思う？」
・「○○がそのようにしたら、それに対してほかの人はどう反応すると思う？」
・「ほかの人はそのときにどう感じると思う？」

・「○○自身はそのときにどう感じると思う？」

　子どもは、このような質問をされることで、それぞれの問題解決策がもたらすであろう結果を考え、それと結びついた気持ちや思考を想像するきっかけを得ます。このようにして、自分なりの評価を行い、自身の道を見出すことを学んでいきます。

　このステップの最後に、どのアイディア、そしてどの解決策が助けになり、実現可能なのかを決めていきます。子どもはここで、あなたのサポートと同意を必要とします。あなたは子どもが自分で見つけた解決策を支持し、もし必要なら実行する際に積極的に寄り添い、しっかりサポートする必要があります。

　　例：トーマス
　　トーマスは、あるクラスメートに対して、特に腹を立てています。その子がいつもトーマスのことを怒らせてくるし、からかってきて、しかもほかのクラスメートに対して同じようにトーマスをからかうようにあおるからです。体育の授業でトーマスが暴れたのもそのせいでした。トーマスはこのからかいが収まるように、この少年に仕返しをしようと思いました。そうしたら学校でもいろいろなことがましになるのではないかと考えていたからです。トーマスは、少年を殴るために学校からの帰り道の機会を使おうと考えました。
　　トーマスは、このような行為がもたらしうるメリットとデメリットについて考えるよう促されました。そして、次のようなメリットがあると思いました。
　・「僕の怒りは収まる」
　・「それに、あいつは僕に関わってこなくなる」
　・「そうすれば、もうばかにされることもない」
　　トーマスはいろいろ考えて、次のようなデメリットを見つけました。
　・「みんな、僕のことを殴るやつだと言う」
　・「先生に怒られる」
　・「クラスメートは、僕のことをもっと嫌いになる」
　　トーマスはメリットとデメリットを天秤にかけたあとで、この解決策

を採用しないことにしました。

第4ステップ：さまざまな可能性を天秤にかける：どんな状況か？　なにができるか？

　さまざまな解決策の候補がもたらしうる結果を天秤にかけたら、特定の解決策に決めるのが子どもにとって簡単になります。その際に、あなたは子どもと一緒にもう一度すべての解決案を見て、メリットとデメリットをもう一回考えるといいでしょう。子どもはこのようにして、解決策と、それによってもたらされる結果のつながりを理解します。

　子どもがひとつの解決策に心を決めたら、その子が具体的な状況でこの解決策を実行に移せるのか、それともほかの人のサポートを必要とするのかを考える必要があります。あなたは次のことを考えるように子どもを励ますといいでしょう。

・その子が自分の手で問題を解決できるかどうか、頑張れば自分で取り組めるかどうか。

・問題を解決するときにあなたが助ける必要があるのか、それともさらにほかの人（たとえば先生）にアドバイスを求めたり、サポートをお願いするのか。

　例：トーマス
　トーマスにとって、また学校に通うのを自分だけの力で実現するのはむずかしいです。クラスメートに対して自分が体育の授業のときにしてしまったことを説明したいし、頭をケガさせてしまった男の子に謝りたいと思っています。それには先生の協力が必要です。そこで、先生はトーマスと一緒に、クラスのみんなになにを話すべきか、どうやってクラスメートに接したらいいかを考えました。先生は、トーマスが学校に戻って来るためにクラスのみんなに話して準備もしてくれて、それでトーマスはとても安心したし、気が楽になりました。

　見つけた「最良の」解決策によって、問題すべてを簡単に解決できるわけではないことを、子どもにはっきりと伝えておきましょう。多くの場合には忍耐が必要です。最初は、問題を軽減して、状況をあまり悲惨に感じないよ

うにするくらいしかできない場合もあります。

さらに、子どもたちがどんなに努力しても、自分たちの努力だけではどうにもならないこともあるし、外部からさらにサポートしてもらっても、問題になんらかの影響を与えたり解決したりすることができない場合もあります。これは直接の解決策がまったくない、あるいは解決策があっても子どもたちの手には負えないような問題です。このように問題の原因に影響を与えられなかったり、あるいは変えられなかったりする可能性はあります。そういった問題は、親の病気と／または家庭での深刻なストレス、たとえば家族の障害などと密接に関係していることが多いです。

> 例：トーマス
> トーマスは、母親の健康状態がとても心配で、また元気になれるように助けたいと思っています。トーマスは、家事をして母親を楽にしてあげたり、一緒に時間を過ごしたりすることはできます。しかし、病気の治療に関しては手助けできません。それには専門家の助けが必要なのです。

トーマスが母親の健康について経験したような心配や問題に、子どもはどうすればうまく対処できるのでしょうか？　トーマスには、母親が元気になるために積極的にしてあげられることはなにもありません。子どもは積極的に問題解決に関われないとき、気晴らしをする機会や、なにか素敵なことを楽しむためのサポートや励まし、そして信頼できる人に頼って話を聞いてもらい慰めてもらう許可を必要とします。

あなたは、子どもが友だちと会ったり、趣味に没頭したり、おじさん、おばさん、あるいはおばあちゃん、おじいちゃんのような信頼できる人と定期的に連絡を取ろうとするのを、必ず許し、また、子どもがそうするように常にすすめるべきです。子どもは、そうすることで、病気と結びついているストレスや緊張とのバランスを取ることができます。

第5ステップ：行動：いよいよだ！
いろいろな解決策についてしっかり考えることで、問題解決のために必要なことを、段階を追って計画できます。子どもがうまく問題を解決するため

　研究では、それ自体、よい解決策や悪い解決策、または妥当な解決策や妥当でない解決策というものはないことが証明されています。これは子どもだけではなく、大人にとってもそうです。重要なのは、むしろ、私たちが問題の状況や、その原因に影響を与えられるかどうかです。もし私たちが自分の行動で状況を変えられたら、つまり、問題の原因に影響を与えることができたら、自分の手で問題を解決したり、場合によってはほかの人にサポートを求めるのは得策です。そうではなくて、もし私たちが自分の力でなにも変えることのできない問題に直面したら、その場合は問題の原因に影響を与えることができないので、積極的になにかをしようとしても、それによって解決に導くことはできないでしょう。失敗を経験し、勇気を失い、あきらめるしかないでしょう。このように、解決できない場合は、大変な状況の中であっても、気晴らしをして自分自身を慰めたり、なにか活動することでバランスを保つことに成功したら、問題と結びついているストレスは徐々に和らぐかもしれません。その際には、もっとうまく問題に対処する術を身につけたら解決できるかもしれないという希望と自信も残ります。

　この2つの基本的な解決策について、日常生活から2つ事例を使って、もう一度説明したいと思います。

1. 大切な試験の前日に、ある子どもが自分の部屋にいます。明日の数学の試験のことを考えると、やたらとそわそわします。この子の場合は、問題の原因（数学の試験）に影響を与えることができます。もう一度問題を解いてみたり、わからないところは父親や母親に説明してもらえるからです。

2. ある子どもは歯医者へ行かないといけなくて、治療のときにすごく痛いだろうなあと思っています。この子の場合は、気を紛らわせ、歯医者へ行った後にどんな素敵なことができるかを想像し、母親に慰めてもらうしかありません。1の事例とは違い、この場合は問題の原因に影響を与えることはできません。歯医者への道のりは避けようがないのです。

には、どんなステップを踏んでいったらいいか、あなたと一緒に具体的な計画を立てる必要があります。その際に、次の点をはっきりさせておくのが大切です。

・なにをすべきか？

・どんな困難が生じそうか？　どんな気持ちがわいてきそうか？

・子どもが自分で考えて解決策を実行するときに、どうしたら困難や障壁を乗り越えられるだろうか？

・心に決めた解決策を行動に移すときに、子どもはそれをひとりで実行できるのか、それとも助けが必要なのか？

さて、この第5ステップでは選択した解決策を行動に移していきます。このステップを行うときには、子どもをサポートしましょう。そして、どのような困難が生じる可能性があるか、ありえそうな困難にどう対処したらよいか、その際に誰が子どもをサポートできそうなのかを、子どもと一緒に考えましょう。子どもには、問題解決策を実行に移すときは、あなたがサポートするとはっきり伝えましょう。

例：トーマス
　トーマスはいつか個人的に父親と会うのを母親が許してくれますようにと、ずっと願っています。母親は、トーマスの気持ちがこんなにも強いのをわかっていませんでした。母親は、もしかしたら息子を失うことになるかもしれないと、とても不安を感じているし、妊娠中に父親が自分を置いていなくなったことに対してまだとても腹を立てています。しかし、息子の願いを理解しはじめます。トーマスは、母親が了解してくれたことを知り、ほかの町に住んでいる父親とすぐに連絡を取ろうとしました。母親は、トーマスががっかりしないように、彼の熱意にブレーキをかけます。トーマスの父親が、いまどんな人間関係の中で生きているのか、そもそも自分の息子と連絡を取ることに関心をもっているのかどうかがよくわからないからです。ふたりは一緒に、最初のステップをどんな感じで踏み出したらよいか、どのような困難が出てきそうか、考えました。

　まずは小さな一歩を踏み出すように——つまり段階的に解決策を試すように——、そして新しい行動にチャレンジする経験を積んでいけるように、子どもを力づけましょう。達成感を味わうことで、子どもの忍耐力は強まります。また、もし解決策を実行できなかったり、目指したゴールに到達するまで忍耐が必要な場合でも、その間に生じるかもしれない失敗に耐えしのぐことができます。

第6ステップ：チェック：解決策はうまくいったのか？
　それぞれのステップは、すぐに検証すべきです。あなたは子どもと一緒

に、設定した目標を達成したか、きちんと考えなければいけません。検証の結果として、目標をもっと小さく設定すべきであるとか、ほかの解決策を考えるべきだということが明らかになるでしょう。

　子どもには、望んでいる目標の達成に向けてどの程度進んだかを0から10までの尺度で評価してもらうといいです。

　　例：目標達成に関して子どもに聞く
　　・「どんな感じ？」
　　・「目標は達成できた？」
　　・「0から10までの数字が描いてあるテープを想像してみて。0は、なにも変わらず、そのままだったという意味。10は、目標を達成して問題が解決したっていう意味。今日はどこにいる？　今、どんな感じ？」
　　・「○○は今5の段階にいるって言っていたね。5の段階までどうやって到達したかな？　どうやって、今自分が5の段階にきたというのがわかったの？」

　子どもが問題解決のプロセスでした経験に関して、以下のように、さらに深めることができます。
・「簡単だと思ったことはなに？」
・「むずかしいと思ったことはなにかある？」
・「次も同じようにする？」
・「次は全然違うことをする？」

　このような示唆に富んだ問いかけを通じて、解決策が適切だったのか、急ごしらえなものだったのか、あるいは具体的な手順（具体的なステップの部分部分）の計画が十分ではなかったかなどを知ることができます。

　問題解決に取り組む中でポジティブな体験をすることで、子どもの自己効力感は強まります。自己効力感とは、繰り返しになりますが、困難な状況に対処し、自分の力でよい解決策を見つけることができるのだ、と確信をもつことですから。

　ストレスに対応するときに成功した戦略は、後にほかの状況でも子どもの

助けになります。ですから、子どもには、うまくいった戦略を特に強調し、はっきり指摘してあげることが非常に重要です。

ワンポイント・アドバイス

　子どもがこれまで見てきた6つの問題解決のためのステップすべてを理解する能力を持つのは、通常は小学生以降です。しかし、幼い子でも実行することができる個別のステップもあります。次のものは、幼い子に対してもできます。

・悩みや困難なことについて話すように励ます。
・問題に対して複数の解決策を探すように導く。
・さまざまな解決策がもたらしうる結果について考える。

　たとえ幼い子がこれらのステップを部分的にしか実行できなかったとしても、このようにして子どもの内省力を早い段階から育てることができます。

問題を上手に克服するためのステップ総まとめ

1．問題を認識し、言語化する：問題の根本に迫る。なにが問題なのかを洗い出す。
－なにについて悩んでいるの？
－具体的になにが問題なの？　その問題はいつ出てきたの？　どこで問題が生まれたの？
－自分の中でなにが起きている？　それについて、なにを考えている？
－どんな気持ち？

2．問題の解決策を探る：この問題に対してどんな解決策がある？　解決策の候補を声に出して考える。
－なにができる？　ほかにはさらになにができる？
－これはひとつの案だね。ほかの候補も思いつく？　さらになにができる？
－〇〇がそうやって反応するときのメリットはなんだと思う？　〇〇のそういう反応について考えてみると、もしかしてデメリットもあるかな？

3．ありうる結果について考える：その解決策を取るとなにが起こりそう？
－〇〇がそうやって反応するとどうなるかな？
－〇〇がそのようにすると、ほかの人はそれに対してどう反応するかな？
－そのとき、ほかの人はどう感じると思う？
－そのとき、〇〇自身はどう感じると思う？

4．可能性を比べて考える：どんな状況か？　なにができるか？　問題を自分で解決できるか、それとも誰かのサポートが必要なのかを考える。
－自分の手だけで問題を解決するとしたら、この状況をひとりで変えることができるかな？

－この問題については、誰かに助けを頼んだ方がいいかな？　ほかの人と話して、慰めてもらった方がいいかな？

－頑張ればなにかできそうかな？　それとも、なにか別の素敵なことを考えたり、ただ楽しいことをした方がいいかな？

－もし状況を変えることができないなら、この問題を避けて難を逃れる方が、もしかしたらいいのかな？

５．行動：いよいよだ！

－なにをすべきかな？

－どんな困難が出てくそうかな？　どんな気持ちになりそうかな？

－自分の解決策を実行するときに、出てくそうな困難や障壁をどうやって乗り越えたらいいかな？

－ひとりでできる？　それとも選んだ解決策を行動に移すためにほかの人からの助けが必要？

６．チェック：解決策はうまくいったのか？

－今、どんな感じ？

－目標は達成した？

－０から10までの数字が描いてあるテープを想像してみて。０は、なにも変わらず、そのままだったという意味。10は、目標を達成して問題が解決したっていう意味。今日はどこにいる？

－〇〇は今５の段階にいるって言っていたね。５の段階までどうやって到達したかな？　どうやって、今自分が５の段階にきたというのがわかったの？

－簡単だと思ったことはなに？

－むずかしいと思ったことはなにかある？

－次も同じようにする？

－次は全然違うことをする？

４　子どもがほかの人と連絡を取れるようにする

　精神疾患の親がいる子どもは、問題を解決するために、あるいは問題になにも影響を与えられない場合は気分転換をしたりリラックスしたりするために、家族以外の人からの支援が必要です。8)子どもたちは、問題の解決策を実行するうえで、信頼できる大人、たとえば近しい親戚、先生などからアドバイスや励ましを得たり、実際的な助けを得る必要があります。

例：トーマス

　　トーマスは、先生のサポートと理解なくして、学校でのあのできごとの後に、ためらいや不安、恥ずかしいという気持ちを抱きながらも、こんなに早く学校に復帰できなかったでしょう。先生はトーマスに勇気をくれて、また学校へ来るように励ましてくれました。さらに、先生はトーマスの復帰のためにクラスの準備もしておいてくれました。

　同年代の仲間との触れ合いや、クラブ、子どもの集まり、そのほかのコミュニティへの参加を通じて、子どもたちはリラックス、気晴らし、バランスをとるための機会を作り出しています。子どもはお互いに学び合います。子どもは、ほかの子を観察し、その子が問題を解決する方法を自分でも取り入れることで、さまざまな問題解決策や行動パターンを、いわば「無意識に」、あるいはなにかのついでに学んでいます。

> **背景知識：社会的支援**
>
> 　研究によると、家族以外の社会的コンタクトは、子どもだけでなく大人にとっても、「社会的免疫システム」（身体にとっての免疫システムのように、家族以外の人間関係が自分を守ってくれるというもの）を構成する重要な要素であることがわかっています。親戚、友人、知人、仕事仲間との関係、特に子どもの場合は、仲間との関係、そして先生たちとの交流は、危機的な状況の中で緩衝材となり、ストレスや問題に対する大切な防波堤となってくれます。他者とコンタクトを持つことで、幸福感、安心感、満足感が満たされていきます。私たち人間は社会的生き物であり、他者を必要としているのです。

　特に病気や入院などのストレスの多い時期や危機的状況にあるときは、信頼できて頼れる身近な人は、子どもの支えになります。そのような人は、あなたが病気のために十分な力を発揮できないとき、代わりに子どもに寄り添い、子どもを守って安心感を与え、日常生活での問題解決をサポートしてくれる、理解ある相談相手になってくれるでしょう。子どもにとって信頼できる身近な人は、あなたの調子が悪いときに、あなたの負担を軽くし、あなたが子どもに対して抱いている心配や罪悪感を小さくしてくれます。そうしたら、あなたはもっとしっかりと治療に腰を据えて、自分自身の問題に向き合うことができます。

ところが、精神疾患がある親がいる子どもには、そういった「社会的免疫システム」を作りだせるようなポジティブで安定した人間関係や触れ合いが欠けている場合が多いことを、私たちは知っています。彼らには、自分の問題について話せて、一緒になにかできるような人が家族以外にいないのです。

　どうして精神疾患の親がいる子どもは孤独を感じ、家族以外に信頼できる人がいなくなってしまうことが多いのか、これにはいくつか理由がありますが、その理由は家庭でのいわゆる「沈黙の掟」と密接に関係しています（第1章の5節〔36ページ〜〕を参照）。家庭での「沈黙の掟」とは、親が抱いている恐れや羞恥心、罪悪感から、病気のことや家族で一緒に生活するうえで病気がもたらす影響について話してはいけなくなることです。このように家庭で病気のことをオープンに話さない場合、このテーマはすぐに秘密となり、この秘密は誰かに話すことが許されなくなり、外部に明かしてはいけないものになります。これは、ほとんど間接的ともいえる親からのメッセージであり、親は、この「沈黙の掟」を大々的に伝えることがほとんどなくても、行動や表情やジェスチャーで伝わっています。子どもはこのような間接的なメッセージに対する敏感なアンテナを持っていて、親への義務感と忠誠心を感じています。

　子どもは引き裂かれる思いをしていることが多いです。つまり、一方では、家庭での「沈黙の掟」を破り、家族以外の誰かに打ち明けることは、親を裏切ることになってしまうと考えています。他方では、誰かに自分の悩みや問題について話したい、楽しんだりして気を紛らわしたいという強い欲求もあります。

ワンポイント・アドバイス
・沈黙の掟によって、親は子どもを偏見やスティグマから守り、学校や近所といった身近なところで子どもが拒絶されたり仲間外れにされないようにしています。
・家庭での沈黙の掟によって、子どもは親の病気に関する悩みを、身近な人や信頼できる人に対して適切に表現するための「言葉」をもてなくなります。

　例：トーマス
　　トーマスは、もし自分がオープンに、母親について心配していること

や学校での問題をおばあちゃんや仲よしのお隣さんに話したら、母親は嫌がる、いや、すごく気まずいとさえ思うだろう、ということをはっきりと感じています。ふたりとも優しいし、きっと理解を示してくれる人たちです。それでも、母親が、自身の病気と関係するなにかを外に知られるのを嫌がっているのは、ひしひしと伝わってきます。トーマスは、母親を失望させたくないので、自分の悩みや問題は、おばあちゃんとお隣さんには隠しています。

ワンポイント・アドバイス

　身近な大人との信頼関係や仲間と長く続く関係は、子どもが自発的に自分自身や家族についてなにかを明かすことが許されて初めて可能になります。そして、子どもが隠しごとをしないで他者と接する準備ができているときに、その子にとって望ましい支援やバランスを見出すことができます。

　精神疾患がある親は、自分の病気と結びついていることが外に知られてしまうかもしれないと、ためらったり不安を感じたりすることが多いです。こういったためらいや不安は、決して根拠のないものではありません。というのも、精神疾患は私たちの社会で、いまだにスティグマと差別の危険にさらされているからです。これは、精神的な病気を抱える本人だけでなく、その家族や子どももそうです。

　そのため、自分自身のためらいや不安について、子どもと率直に話し、この問題に対する繊細さを身につける必要があります。子どもと一緒に、「私／僕は誰になら、自分のこと（または家族、親のこと）を話したいだろうか？」という質問に取り組みます。それによって、子どもはオープンに話すことと秘密にしておくことの感覚を身につけます。彼らは自分の人となりを見てもらうために外にもち出してもいい、ほかの人に話す個人的なことや事柄と、自分の中にとどめて外にもち出さない、あるいはごく限られた人にしか話さない個人的なことや事柄を区別することを学びます。

　子どもと話してみましょう。子どもに、信頼できる人や仲間との関わりを必要としているのはわかっていると伝えましょう。子どもを励ましましょう。そうしてこそ、罪悪感や親を裏切ってしまうかもしれないという気持ちを持たずに、他者との関係を築く一歩を踏み出すことができるのです。子どもは、余暇の時間にクラスの友だちと約束して遊びに行ったり、定期的にスポーツクラブに行ったりなにかをして遊んだり、祖父母の家に行ったり、おじさんやおばさんと遠足や市内旅行に行ったりしてもいいんだよ、というあなたからの「許し」を必要としています。

4-1　子どもと一緒に「親代わりになる人」を探す

　家族以外の大人と信頼できる人間関係があることは、子どもにとって重要な保護因子となることがわかっています。親戚、友人、あるいは先生は、子どもにとって支援やサポートの重要な源となりうるのです。

　子どもの社会環境にいる身近な人が「親代わり」の役割を担ってくれるのは、助けになります。ここでいう「親代わりの人」というのは、子どもとあなたが信頼し、特にあなたの健康状態が急に悪化したり、入院が必要になった場合など、急であっても信頼できる助けやサポートをしてくれる人のことです。

ワンポイント・アドバイス
　親であるあなたにとっても子どもにとっても大切なのは、そのような危機的状況や病気の急性期に、その人が対応してくれるという信頼と安心感があることです。そのためには、はっきりと話し合うことが必要で、いわゆる緊急プランに詳細を記しておくのが一番よいです（第3章4-3〔105ページ〜〕を参照）。

　危機的状況や緊急時に「親代わりの人」が負担を軽減してくれるという確信が、精神的な病気を患う親によい影響を与えてくれます。これは、実際にさまざまな経験からも言えることです。このように、ケアをお願いするのを決めておくと、たとえば精神疾患のある母親がやむを得ず入院をするときに湧き上がってくる心配や罪悪感を軽減するのに役立ちます。

　子どもは、不確実さ、心配、不安に満ちた状況の中で、「親代わりの人」との信頼関係を通して、安心感を得て負担が軽くなります。自分が安全を感じられる土台がある中で、はじめて子どもは罪悪感や不安、悩みを表に出すことができます。親代わりの人は、同時に、危機的な時期に子どもに対して、気晴らし、穏やかさを与え、そしてストレスとのバランスを取るバランサーとしても役に立ってくれます。

4-2　信頼できる人を探すときに、どうしたらうまく子どもを巻き込めるか？

　信頼できる人を探すときに、子どもを最初から積極的に巻き込んでいくことが大事です。この人物は、大変な状況の中で負担を軽くして安心感をもたらしてくれる、信頼できる身近な人でなければなりません。ですから、子どもに質問をしたり話を聞いたりするだけではなく、一緒に決めて、一緒に決断する必要があります。このようにうまく子どもを巻き込むことで、子どもの自尊心がさらに高まります。子どもは、真剣に受け止めてもらい、自分に

直接関係する事柄に参加できるという体験をします。子どもは、このようにして、自分の能力と力を発見し、自分がなにかに影響してなにかを作り出すことができるのを感じられるのです。

　経験上、子どもたちは人間関係の相関図を絵にしたりして創造的に描くことで、信頼できる身近な人を見つけやすいです。いわゆる人間関係の相関図がここでは有効です。

　　例：人間関係の相関図
　　子どもと一緒に座って、次のような人を思い浮かべてもらいましょう。
・子どもが好きな人
・子どもが話したい人
・子どもが一緒に遊びたい人
・困ったときにすでに子どもを助けたことがある人
　　上記のような質問によって何人か当てはまる人を見つけたら、子どもは画用紙にまず自分の名前を書いて、まわりにその人物の名前を書きます。子どもが精神的により近く感じる人物を、子どもの名前の近くに書きます。
　　こうやって作った相関図には、右ページの図1のように、身近な大人だけでなく、友だちやクラスメートなども書きます。

　このような図を書くことで、子どもは自分の人間関係を明らかにし、社会的環境における自分の人間関係を意識化できます。図を書くことで、助けたり支えたりしてくれる人のこと、子どもの願いや希望について、あるいは誰かに関する不安や恐れなどについて話すきっかけを作りやすくなります。
　仲間との交流があったり、なにかの団体や子どものチーム、そしてほかの共同体に入っていることで、子どもは、リラックスしたり気晴らしをして、バランスを取ったりすることができます。子どもは多くのことをお互いに学んでいます。さまざまな問題解決策や行動パターンを「ついでに」学習するのです。

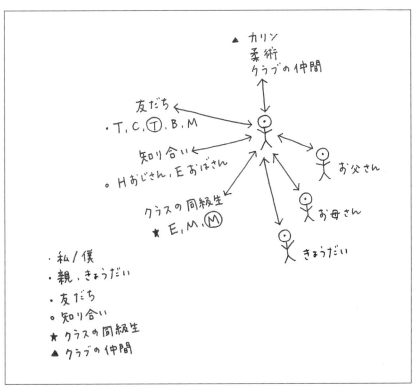

図1：相関図の例

4-3　子どもと一緒に緊急プランを作る

　緊急プランとは、親の病気の急性期や家族の危機的状況が深刻化したとき
に、子どもが信頼できる人に助けや安全を求めやすくするための、拘束力が
ある、文書化した決めごとを含んだプランのことです。この緊急プランで
は、

・まわりにいる、なにかあったときに子どもが相談できるような信頼できる
　人の名前を挙げ、確定します。
・いつ、どんなかたちで、どの程度、その信頼できる人が助けてくれ、サ
　ポートしてくれるか、あるいはそうすべきかを記します。

緊急プランには次の点を盛り込みます。

・信頼できる人の住所、電話番号
・危機的な状況のときに子どもがどうやってその人に連絡したらいいか、という決めごと

　右ページの図2では、緊急プランをどういった構成で作ったらいいか例を示しています。子どもは緊急プランがあることで、積極的に行動し、状況に応じてなにかを変えられるようになります。子どもは、自分自身の活動によってなにかを成し遂げられることを経験し、自尊心が高まります。他方で、病気の親は、こういった拘束力がある決めごとによって、子どもの世話ができないことへの罪悪感や心配ごとから解放されます。

ワンポイント・アドバイス
　親代わりをしてくれる特定の人が決まっていなかったとしても、危機的な時期が来るのに備えて、拘束力のある決めごとを記した詳細な緊急プランを作るべきです。

　緊急プランを作成するにあたって、子どもが自分で信頼できる人の名前を挙げられるように気を配る必要があります。そのときは、どの人を思いつくか、それをしっかり考えるための十分な時間を取りましょう。子どもが「自分の」信頼できる人を見つけるのが大事なのです（子どもを巻き込むことに関しては本章4-2〔103ページ〜〕を参照）。

　緊急プランの個々の決めごとは具体的でなければなりませんし、子どもの年齢にあわせて決める必要があります。緊急プランを作るときに考慮すべきこととして、1つ目は、信頼できる人による支援は、長期にわたって遂行可能なように計画する必要があります。ここでは、支援をしてくれる人がどこまでならサポートできるかという支援の限界と、その人が支援のために費やせる時間についてあらかじめ合意しておくことが重要です。

　2つ目は、緊急プランを作成するときに、子どもの年齢的な能力を考慮する必要があります。子どもは緊急時に電話で助けを求めることができるでしょうか？　それとも、子どもが歩いて行けるように、この信頼できる大人はなるべく家の近くに住んでいた方がよいでしょうか？

	これは、	
私／僕の写真	＿＿＿＿＿＿＿＿ の緊急プラン	信頼できる人の写真

＿＿＿＿＿＿＿＿＿＿＿＿＿＿＿＿＿＿　さんが助けてくれるのは、……

- ママ／パパが面倒をみられなくなったとき。
- ママ／パパの病気が悪くなったとき。
- ママ／パパが入院しなくてはいけないとき。
- ＿＿＿＿＿＿＿＿＿＿＿＿＿＿＿＿＿＿＿
- ＿＿＿＿＿＿＿＿＿＿＿＿＿＿＿＿＿
- ＿＿＿＿＿＿＿＿＿＿＿＿＿＿＿＿＿

私／僕は　＿＿＿＿＿＿＿＿＿＿＿＿＿＿＿　さんにこうやって連絡する。

携帯番号：＿＿＿＿＿＿＿＿＿＿＿＿＿＿＿＿＿＿＿＿＿＿＿＿＿＿

住所：

＿＿＿＿＿＿＿＿＿＿＿＿＿＿＿＿＿＿＿＿＿＿＿＿＿＿

ここに連絡を取れば、＿＿＿＿＿＿＿＿　さんは私／僕の面倒をみてくれる。

具体的な決めごとの例

- 私／僕は△△さんのところで宿題をして、泊まることができる。
ママはこのことを同意している。
- △△さんは、家の鍵を持っていて、ママのことを見に来てくれる。

＿＿＿＿＿＿＿＿＿＿＿＿＿＿	＿＿＿＿＿＿＿＿＿＿＿＿＿＿
子どものサイン	信頼できる人のサイン
＿＿＿＿＿＿＿＿＿＿＿＿＿＿	＿＿＿＿＿＿＿＿＿＿＿＿＿＿
ママのサイン	パパのサイン

図2：緊急プラン

5　子どもに病気のことを話す

　子どもは、あなたの調子が悪いときはすぐ変化に気づきます。子どもは母親や父親がいつもと違う感じで、たとえばイライラしたり、短気だったり、落ち着きがなかったり、おどおどしていたり、悲しんでいる反応をすると、すぐにそれを感じ取ります。子どもは自分の観察や印象を整理するために、母親や父親になにが起きているのかを知る必要があります。このような変化についてなんの情報ももっていない場合は、知識不足を自分なりの想像で埋めることになります。この想像にはひどい恐れや不安が入り込んでいることが多いです。

　病気による影響について親が子どもに情報を伝えることで、子どもは質問をしてもいいんだという安心感をおぼえ、悩みごとや不安を話してくれやすくなります。研究では、病気に関する知識があったり、状況への理解が深まることは、子どもたちにとって非常に特別な保護因子であることがわかっています（第2章を参照）。子どもは、病気のはじめや治療のはじめ、あるいは入院のはじめに強くストレスを感じ、不安を感じることが多いので、情報は可能なかぎり早く伝えるべきです。

　　例：子どもに対して病気のことを話す
　　「きちんと知ってもらって、余計な心配をしないように、私（たち）はなにが起きているか○○に話したいと思っているんだよ」

　あなたは子どもに次のような情報を伝えておくべきです。
・「私は病気なんだ」
・「この病気は……っていうの」
・「お医者さんやセラピストにちゃんと助けてもらうために治療に行っているんだ。それで、病院に通っているんだよ」
・「○○にとってはこういうことが変わると思う」（例：「おばあちゃんがお世話してくれて、火曜の午後はおばあちゃんがサッカーの練習に連れて行ってくれるよ」）

　子どもがさしあたり病気に関する一般的な情報と日常生活に及ぼすかもし

れない影響に関する情報を得られたら、それで十分です。そうすることで、疑問があったら聞けるし、自分の悩みについて話せるんだよ、というシグナルが子どもに伝わり、オープンさと透明性を確保できます。8)

病気について、子どもに合わせて説明をするときの助け：精神疾患ってなに？

・精神疾患は、アレルギー、熱、風邪、はしか、水ぼうそうなどのほかの病気と同じような病気のひとつです。そして、どんな病気であっても、家族になんらかの影響を及ぼします。

・精神疾患を患った人は、さまざまな点で変わります。行動、気持ち、考え方などが変わることがあります。

・多くの人はほとんどなにもできなくなってしまい、なにに対しても自分を奮い立たせることができないのを、とても辛く感じています。ひどい無力感に襲われて、多くの時間をベッドやソファに横になって過ごし、仕事はほとんどできません。

・すごく不安を感じる人もいます。バスに乗ったり誰かに会ったりするのに不安を感じたり、病気になることが不安だったりします。こういった不安はとても大きくて、いろいろなことが今までみたいにはできなくなってしまいます。

・ささいなことですぐに怒ったり、その後またずっと悲しくなったり、疲れたり、だるかったり、まったくやる気が出なくなる人もいます。

・一日中興奮状態で落ち着きがなくなる人もいます。落ち着きのなさとテンションの高さで、他人の神経を逆なでしてしまいます。

・日常のささいなことで、すぐにパニックに陥ってしまう人や、小さなことでひどく興奮して、腹を立てる人もいます。

・多くの人は一時的に混乱し、思考はぼんやりし、奇妙な行動を取ることが多いです。もしかしたら、誰にも聞こえていない声を聞いたり、そこにないものを見たりして、混乱しているのかもしれません。

例：精神疾患について自分の子どもに説明する

「精神疾患についてたくさん説明したから、いろいろな精神疾患があって、その全部に病名があるのはわかったよね。いくつかの病気の名前はもう聞いたことがあって、知っているかもしれないし、もしかしたらまだ知らないものもあるかもね。病気は、たとえばうつ病、双極性障害、統合失調症、精神病、不安障害、境界線パーソナリティ障害、恐怖症とか、いろいろあるんだ。それで、ママの病気は○○といって……」

以下では、シンプルで、子どもにとってわかりやすい言葉でいろいろな障

害をどうやって説明したらいいか、いくつか例を載せます。

さまざまな精神疾患に関する説明の例

・うつ病：悲しい気持ちが止まらなくて、いつもすごく疲れています。朝、起きたくないし、服を着たり、料理したり、食べたりしたくなくなってしまいます。なにもかもがひどく大変になってしまい、話すことも聞くこともできなくなります。

・躁病：躁病というのはうつ病の逆で、うつ病と交互に出てくることも多いです（この２つが交互に出るのは双極性障害といいます）。おとなしくじっと座っていられないし、ずっと話していたくなります。たくさんの考えやアイディアが頭の中をぐるぐる駆け巡っていて、それらを全部同時に処理しようとするので眠れなくなります。

・統合失調症：そこにないものが聞こえたり、見えたり、感じたり、匂ったりします。たとえば、誰にも聞こえない声が聞こえたりします。そして、ほかの人にとっては意味がわからない、ときには恐怖を覚えるようなことさえ、言ったり、行ったりします。

・恐怖症（限局性恐怖症）：特定のものごとに対する不安があります。たとえばデパートへ行ったり、電車に乗ったり、飛行機に乗ったりすること（あるいは、蜘蛛や蛇、狭い空間）を怖いと思います。この恐怖はとても大きくて、死にそうなほど耐えられないと感じます。

親がオープンで正直でいることで、ストレスの多い状況であっても、子どもに安心感と信頼感を与えられます。逆に、子どもは、親の病気に関して真実ではないことを伝えられた、と感じたら、信頼がひどく揺らいでしまうことが多いです。子どもは疑い深くなり、内心では距離を取って、心を閉ざしてしまいます。

注 記

　病気に関する情報を得るのは、子どもにとって、質問をしたり、心配や不安について話してもいいんだ、ということを認めてもらったのと同じになります。これによって、親の行動や家族、日常生活に病気が与える影響について、さらにしっかり理解できるようになります。理解を深めることで、子どもは今の状況にどう対処するかを学べます。

子どもに病気のことを話すといっても、それは、病気についてありとあらゆる細かい点を話さなければいけない、という意味ではありません。もしあ

らゆることについて話したら、親であるあなたにしか関係がない、病気をめぐるさまざまな内容や話題に、気持ちの面でも理解の面でも圧倒されてしまうかもしれません。子どもが詳しく知るべきなのは、彼らに直接関係がある事柄すべてです。特に、日常生活や家庭生活の中で病気が原因で出てくる可能性のある変化すべてを詳しく知るべきです。

　子どもに話すときの原則：話すことはすべて、私たちの知識と良心においてできるかぎり真実であるべきです！

　もしあなたが、子どもに病気のことを話すのに不安やためらいを感じているなら——あなたはもしかしたら、子どもがそれによってひどく負担を感じてしまったり、あなたのことを拒絶したり、母親や父親として受け入れてもらえなくなるのを恐れているかもしれませんが——、そういうときはセラピストやほかの信頼できる専門家に相談してください。
　また、次のような質問を自分自身に投げかけてみるといいでしょう。
・子どもが病気のことを知ったとき、私はなにを恐れているのか、そのときなにが起きそうなのか？
・自分の子どもが病気についてもっと知ったら、なにが変わるだろうか？
・私の調子が悪くなったら（たとえば、私がイライラした反応をしたとき）、うちの子は私の行動をどうやって説明するだろうか？
・私が入院せざるを得なくなったら、うちの子はどんな思いになるだろうか？
　これらの点について考えてみることで、あなたが感じている不安や懸念がより明確になります。

5-1　子どもはどんな疑問をもっているのか？

　ここでの目標は、病気に関する情報を伝えることによって、子どもが遠慮せず質問したり、もっといろいろ知りたいというのを率直に表現できるように励ますことです。子どもからの質問は、時が経つにつれて変化していきます。病気や治療の初期と、治療後に健康状態が再び安定したときとでは、子どもたちが気になっている問題は異なります。また、自分の親の病気を初め

て経験する子は、自分の母親や父親の不調をすでに経験したことがある子とは違う疑問をもちます（第2章の3節〔63ページ〜〕を参照）。

　みなさんも、これまでの話で、子どもたちがなにを気にしているのか、どんな疑問が彼らを突き動かしているのかが、かなりわかってきたのではないかと思います（下の表3を参照）。子どもは、両親から「うちうちの承諾」を得たとき、つまり親が同意していると感じたときにのみ、ようやく表3のような質問を口にしはじめます。最初はまったく質問しようとしない子も多いです。

表3：子どもが気になっている疑問

病気の原因と経過について	・お母さん／お父さんになにが起きているの？ ・どうしてお母さん／お父さんは病気になったの？ ・お母さん／お父さんの病気はどこから来たの？ ・私／僕のせいでお母さん／お父さんは病気なの？ ・ママ／パパがまた入院しなくちゃいけなくなったのは私／僕のせい？　私／僕がなにか悪いことをしちゃったのかな？　あまりお手伝いしなかったからかな？　私／僕はママ／パパをちゃんと面倒みられていなかったかな？ ・病気はもっと悪くなっていくのかな？
家庭生活の中で起きそうな変化について	・私／僕の生活は変わるのかな？　もしそうなら、どうやって変わるんだろう？ ・誰が私／僕の面倒をみてくれるのかな？ ・私／僕は施設へ行かなきゃいけないのかな？ ・お家で大変なことがあるとき、どうしたらいいんだろう？
家庭の日常生活における対応について	・母親／父親に対してどう接したらいいのかな？　今までとは違ったふうに接した方がいいのかな？ ・母親／父親の行動や言葉に対してどんなふうに反応すべきなんだろう？ ・元気なときと病気が悪くなったときに、母親／父親をどうやって支えればいいんだろう？
精神疾患と体の病気の違い、治療のプロセスについて	・「精神疾患」ってなに？ ・「セラピー」ってなに？　精神科医（またはセラピスト）ってなに？ ・母親／父親のための薬はあるのかな？ ・母親／父親はまた元気になるのかな？
遺伝的影響について	・私／僕もいつか病気になるんだろうか？ ・うちの家族の誰かほかの人も病気になるのかな？

表4には、表3でリストアップした子どもの疑問に対する答えの例を載せています。

表4：子どもの疑問に対する答えの例

病気の原因について	・親が病気になるのは、決して子どものせいじゃないの。だから、〇〇は悪くないんだよ。 ・人がどうして精神疾患になるのか、すべてが正確にわかっているわけじゃないんだよ。 ・専門家は、精神疾患になるのにはいろいろな原因があるって考えているんだ。たとえば、ストレスに対してすごく敏感だとか、生活で大きなストレスを感じているとか、ストレスに対処するための力がなかったり、不十分だったり、いろいろな原因があるんだよ。 ・精神疾患は感染症のようにうつらないんだよ。
病気の経過について	・人がみんなそれぞれ違うように、病気の経過はさまざまだし、精神疾患もいろいろあるんだ。 ・精神疾患を患っている人で、治療をして元気になって、それからずっと元気なままでいる人もいるよ。 ・精神疾患にかかった人が長い時間をかけてかなりよくなることもあるんだけど、その後で再発して、また治療が必要になることもあるんだ。
治療について	・精神疾患の治療にはいろいろな方法があるんだよ。たとえば、不安とか悲しさをこれ以上深刻にさせないための薬があったり、問題の解決策を見つけるために問題について話す治療もあるんだよ。 ・外来の治療があって、それだと親は定期的にセラピーへ通うんだけど、ほかには精神科病院での入院治療もある。その場合は、病院にしばらく入院することになるんだ。 ・親が朝、治療へ行って、夜にまた家へ帰ってくる方法での治療もあって、これはデイ・ケアっていうんだよ。 ・精神科のお医者さんは、精神疾患についてものすごくたくさんの知識があって、薬を処方して、問題について患者と話す人のことだよ。セラピストっていうのは、問題の解決策を見つけるために、問題について話をする人のこと。
日常の家庭生活での対応について	・母親／父親が精神疾患だと、それが家族全体に影響するし、それで〇〇にも影響が出てしまうんだ。 ・親の健康について、子どもにはなんの責任もないんだよ。 ・〇〇がママ／パパを助けてくれるのは嬉しいけど、〇〇がひとりでやる必要はないんだよ。 ・〇〇が家でたくさん責任を引き受けてくれるのは、親として嬉しいよ。〇〇が家事を手伝ってくれたり、弟妹と宿題をしてくれたり。でも、それで病気がよくなることはないんだよ。

	病気については、専門家の助けが必要なんだ。
	・私が病気でも、○○には外へ遊びに行く権利、友人に会う権利、趣味を楽しむ権利があるんだよ。
	・もし○○の気持ちが落ち着かなかったり、親のことで悩んでいるなら、○○には話せる人が必要だね。
	・精神疾患を患っている親がいる子どもはたくさんいるんだよ。
遺伝的影響について	・病気が直接遺伝しないというのは、科学的に確かなことなんだよ。
	・ママ／パパが病気だからといって、○○自身も病気になるということはないよ。

　子どもの年齢によって、質問や聞きたいことはさまざまです。以下では、子どもの年齢別に詳しく説明していきます。

ワンポイント・アドバイス

　なにごとも誤魔化さずに話し、また、嘘の約束をしないでください（たとえば、「2週間でまたよくなるからね」）。子どもには真実を知る権利があります。もし、子どもからの質問に答えるとき、自信がない場合は、こうやって答える方がいいです。「（たとえば遺伝的影響については）ちょっと自信がないから、お父さんの治療をしてくれている人に聞いてみるね」。

　子どもにとっては、あなたがよかれと思って善意からした約束が嘘であるよりは、不確かなことは不確かなままの方がいいです。真実を知ることができるという信頼があればあるほど、子どもは傷つかないですみます。

注 記

　子どもが考え込んでいるとき、なにかが気になっているけれど、そのことについてまだ話せていなかったり、話そうとしていないことに気づいたら、直接声をかけてあげてほしいです。今、なにが気にかかっているのか、あるいは心を乱されているのか、あなたから聞いてあげることで、子どもの聞きたいことや質問に対してあなたが正直に話す準備ができているんだよ、という合図を子どもに送ることになります。

5-2 年齢別にみる子どもの疑問と必要な情報

乳児から幼児

> **背景知識**
>
> 　多くの親は、乳児や幼児は話している内容をまだ理解できないから、病気についての「情報」は必要ないと考えています。しかし、研究によると、言葉の意味をまだ理解していない乳児であっても、生まれたときから話しかけられることが、子どもの成長にとって一般的に重要だということがわかっています。
>
> 　乳幼児は、自分がすごしている情緒的雰囲気に反応します。ここが「安全な避難所」であるという感覚が伝わるような、できるだけ安全で信頼できる環境が必要です。親子間で、安心して信頼できる気持ちのつながりを育てるのに、親の病気に関する情報が役立ちます。この年齢の子どもたちにとっては、言葉による説明よりも、それがどんなふうに話されているかや、その言葉でどんな気持ちが伝わってくるかの方が、重要な意味をもっています。子どもは情緒的な雰囲気に、特に反応します。

　そのため、乳幼児は、別にたくさんの説明を必要とはしていません。そもそも説明を受け止めて、理解することはできないでしょう。ふだん、あなたが子どもと話すような感じで短く言ってあげると、状況が落ち着くでしょう。たとえば、

・「ママは今日、調子がよくないの。疲れていて、悲しい気持ちなの。また元気になったら一緒に遊ぶからね」
・「おばさん（おばあちゃん）が○○のお世話をしてくれるからね。だけど、夜は、ママかパパが○○をベッドに連れて行くね」

　このようなメッセージは、まだ言葉を理解していなくても、子どもの心に必ず届くはずです。

　研究では、子どもは非常に早い段階で、ほかの人が悲しんでいたり、おずおずしているのに対して反応し、共鳴していることがわかっています。そのため、すでにこの年齢で、罪悪感も出てきます。もちろん子どもはまだ罪悪感を表現できないのですが、それを感じてはいます。だからあなたは、子どもがあなたの病気とはなにも関係ないのだということを話さなければなりません（たとえば、「私の調子が悪いのは、○○のせいじゃないんだよ！」）。繰り返しに

はなりますが、言葉を発するときの情緒的な雰囲気が大事です。

幼児（3歳から小学生になる頃まで）

> **背景知識**
> 　親の病気は、子どもが周囲を探索し、社会と接するために必要な安心感を揺るがしてしまうことが多いです。この年齢層の子どもは、家庭の雰囲気に強く反応し、病気の背後にある脅威やストレスをすでにいくらか理解してもいます。彼らの理解は、はっきりした知識に基づいたものではなく、ぼんやりした感覚と予感によるものです。子どもは、この漠然とした考えを、現実とはかけ離れた、自分が不安になったり罪悪感を覚えるような考えや想像で補ってしまうことが多いです（たとえば、「ママの調子が悪いのは、私がやんちゃで、言うことを聞かなかったせい」）。
> 　そのため、子どもが不安や罪悪感を覚えるような想像をしないですむように、できるだけ具体的かつ現実的なイメージをもてるように助ける必要があります。早い段階で子どもと病気について話せば、そのぶん早く透明性がありオープンな雰囲気を作ることができます。そのための会話に適した時間は、子どもが話を聞くことができて、その後に気を紛らわすために遊んだり、はしゃいだりできる時です。

以下の点について、特に意識して話しましょう。
・子どもの知識や考えを褒める。
・病気を深刻に表現するのではなく、うまくいっているところや、充実していることについても取りあげる。
・子どもが自分の経験をもとに理解し、共感できるような、簡単な考え方や例を選ぶ。
・ふつうによくある病気であることを強調する。
・病気の経過の中でよいときや悪いときがあることを強調する。
・治療の方法について話す。

　例：うつ病を患う母親が話すとき
　・「ママは悲しくなる病気で、どうしても涙が出てきてしまうの」
　・「ソファから立ち上がるのも、朝、服を着るのも嫌になるくらい悲しい気持ちになるの」
　・「この病気の人はたくさんいるんだよ」
　・「調子がいい日もあって、そういうときはうきうきしているし、朝起きられるよ。でも、また調子が悪い日が来てしまうの。たとえば風

邪をひくと、鼻がつまっている日と、うまく息ができる日があるように、調子がいいときとよくないときがあるの」
・「お医者さんのところへ行って、いろいろと話しているの。お医者さんがアドバイスをくれて、お薬をくれるの」

　就学前の子どもは、気になることをうまく聞けないことが多いです。そのため、子どもが自分から話せないテーマをあなたの方から伝えることが、とても助けになります。子どもが口に出していないテーマは、次のようなものが中心となっています。
・親が病気になったのは自分のせい？
・誰が自分の面倒をみてくれるの？
・誰がベッドに連れて行ってくれるの？
・これまでママやパパが自分のためにしてくれていたことを、誰がしてくれるの？（誰がお昼ご飯を作るの？　ピアノのレッスンとかスイミングとかに誰が連れて行ってくれるの？　幼稚園の友だちの誕生日プレゼントを、誰が準備してくれるの？）。

　あなたが子どもと話すときに役に立つ絵本や情報が載っている冊子については、160ページ以降に記載しています。

ワンポイント・アドバイス
　この年齢の子どもの集中力は非常に限られています。3歳の子どもは約15分、6歳の子どもは約30分なら、きちんと集中して話を聞くことができます。ですから、あなたが子どもになにか説明するときは、大事なことに絞って話さなければいけません。子どもが話を脱線させたり、話のテーマが変わってしまうときは、それを受け入れましょう。これは、子どもが抱えているストレスや緊張の表れであり、病気についてのテーマは十分だということを示しています。絵本や年齢にあった情報が載っている冊子などを使うことで、子どもの興味・関心を強めることができます。

小学生

背景知識

　遅くとも就学児の子はほかの人の立場になって考え、ほかの人のニーズや話を理解し、対応することができます（第2章の4節〔68ページ〕の「マクシとスマーティの箱」の実験を参照）。そして、新しい情報を素早く吸収し、もっている知識と比較したうえで、自分の考えにうまく統合できる場合は、もともともっている知識に新しく補足していきます。

　この年齢の子どもは、病気の親のことで特に悩んでいます。彼らは親の行動の変化を観察し、家庭の中での雰囲気を感じ取っています。自分の家族とほかの家族の違いに気づき、病気の親の行動がいつもと違うとか、「ふつうじゃない」と感じたりすることができるのです。しかし、病気についての情報を得るチャンスが非常に限られているため、親の行動を、自分自身や自分の行動に結びつけることが多く、親の病気は自分のせいだと思ってしまいます。心配や不安の中で、子どもは孤独を感じ、圧倒されてしまっています。

　緊張、恐れ、悩みがあふれる雰囲気の中で、もし親の方からうまく会話をはじめることができたら、そこには安心感が生まれ、状況は徐々に好転していきます。

　子どもとの会話は、十分に時間をかけられる、リラックスした状況で行う必要があります。会話のあとには、子どもの気持ちを切りかえて、気晴らしをする機会を持てるようにしてあげるといいです。

　病気、そして病気と結びついたさまざまな変化によって、子どもは安心感を失っています。だからこそ、子どもは真実を知ることができるのだと信じられることが大切です。ただし、これは子どもが病気に関するあらゆることを細かに知り、その結果に向き合う必要があるということを意味しません。

　この年代に対してもわかりやすくて魅力的な媒体があり、会話の手助けをしてくれます（160ページ以降のおすすめ文献を参照）。

　子どもから親への質問は、一見すると単に事実に基づいたものでも、その裏にはほかの疑問が隠れていて、もっといろいろ知りたいという情報への欲求があります。たとえば、その病気はどこから来たの？　という疑問です。

　もし子どもがこのような「事実に関する質問」をしたら、それは、あなたからの説明や専門用語を聞きたいわけではなく、むしろ気になっていながらも、あえてはっきりと聞いていないような疑問への答えを探しています。たとえば、

・ママがまた入院しなくちゃいけなくなったのは、自分のせいなの？

・なにか私／僕が間違ったことをしちゃったのかな？

・ママのことをちゃんと助けられていなかったかな？

・十分にママの世話ができていなかったのかな？

　たとえば、子どもが「その病気はどこから来たの？」といった事実に関する質問をしたとき、すぐに説明をしようとするのではなく、まずは気持ちを汲み取って応えてあげる必要があります。「ママのことを心配してくれてるのね？」とか「なにか○○が間違えたことをしたんじゃないかって思っているのかな？」と聞き返してあげてください。

　事実に関する質問の背後に心配な気持ちが隠されている場合、このように対応することで、子どもが自分の感情について話しやすくなります。

　子どもは次のような問題が気にかかりながらも、素直に聞けていないことが多いです。

・私／僕は施設に入らないといけないのかな？

・再発したらどうしたらいいの？

・お母さん／お父さんが病気のとき、うちはお金に困ることになるの？

・お母さん／お父さんが入院したら、私／僕やきょうだいのことを誰が面倒みてくれるの？

　子どもたちは、このような疑問をさりげなくほのめかし、話のあとに流してしまったり、話のテーマを変えてしまうことが多いです。あなたは、子どものこういったほのめかしに気がついたときに、それを無視しないで、子どもを揺り動かしている心配ごとや気持ちに反応する必要があります。

　この年代の子どもは、親の病気に対して罪悪感を覚えていることが多いです。たとえば、

・お母さんが病気になったのは、自分が生意気だったり、部屋を片づけなかったりして、すごく怒っていたからだ。

・お母さんが病気になったのは、妹や弟と喧嘩をしたから、学校の試験の成績が悪くてがっかりしたからだ。

・お父さんが病気になったのは、庭でサッカーをしちゃダメだって言われたから、お父さんに悪いことが起きるように願ったからだ。

　子どもはこのような想像に苦しんでいます。でも、子どもは自分の考えを恥ずかしいと思い、親に負担をかけたくないという思いから、自分が考えていることを口に出しません。

思春期から青年期

　思春期から青年期には、すでに精神疾患についての知識やそれに対する自分の考えがあるとはいえ、彼らの感情を強く揺さぶってくる疑問に次から次へと向き合っているのだということを心に留めておいてください。一番よくある疑問は、遺伝に関するものです。

・病気は遺伝するの？
・自分は（兄弟も姉妹も）病気になるの？

　彼らは、自分自身のことをしっかり観察しているし、病気の母親や父親の行動と自分の行動を比較しています。そのときに、ある種の類似点を発見します。たとえば、子ども自身も病気の親と同じように考え込みやすく、気力がわいてこないことがあるという類似点を見つけ、いつか自分も母親や父親と同じように病気になるかもしれないという不確かさや不安を抱いていることが多いです。

さらに、彼らは病気の親や家族、そして自分の将来について次のような疑問ももっています。

・自分は母親や父親をどうやって支えたらいいんだろうか？
・父親や母親、きょうだい、家族全体に対して、いったいどの程度の責任を自分が担うべきなんだろうか？
・自分が大人になったとき、家族はどうなっているのだろうか？　将来いったい誰が面倒をみるんだろうか？

　さらに彼らは罪悪感も抱え悩んでいます。

・母親や父親の調子がまた悪くなったら、それは自分のせいなんだろうか？
・週末は友だちと映画館へ行くよりも、家にいた方がいいんだろうか？
・母親や父親のことを放っておきすぎてしまったんだろうか？　家事とか仕事の手伝いが足りなかったんだろうか？

　子どもが、宿題を終わらせなかったり、約束を「単に」忘れたり、親と約束した時間までに夕方家へ帰って来なかったりして、親子喧嘩になって家庭の雰囲気が緊張する中で、自責の念や苦悩が生まれることはよくあります。

ワンポイント・アドバイス
　思春期から青年期の子どもも、素直に話せない疑問をもっています。そのため、あなたの方からきちんと会話へと誘って、子どもが気にかかっている疑問を話せるようにしてあげる必要があります。

　話し合いは、時間的なプレッシャーがなく、親子が安心して会話できるタイミングを選ぶことが大切です。子どもと真剣に話したいんだ、という気持ちをはっきりと伝えてください。

・「お父さんになにが起きているか、○○に説明したいと思っているんだ」
・「○○に知ってもらって、余計な心配をしないでいてもらうのが、お母さんにとって大事なんだよ」

　あなたにとっても、親として病気やその影響について話すのは簡単ではないんだということを子どもに正直に伝えることで、会話のきっかけをつかみやすくなります（たとえば、「これについて話すのは、お母さんにとっても簡単なことじゃないんだけど」）。

5-3　子どもと病気について話すときに出てくる困難について

子どもが病気について話したがらない場合

　子どもが、いつもとなにかが違うのに気づいていることがあります。病気や入院について、親同士が話しているのをすでに耳にしたことがあるかもしれません。そのため、なにか悪いことを知らされるかもしれないと不安に思います。このような緊張の中で、子どもは攻撃的に反応したり、自分の殻に閉じこもったりしてそもそも話すのを避けることがよくあります。このようなときは、あなたは次のようなことを考えておく必要があります。この子はなにを知っているのだろうか？　なにを怖がっているのだろうか？　もしかしたら、子どもは、自分が遠ざけられていると思っているかもしれません。だからこそ、もう一度はっきりと、話し合いに誘いましょう！

　子どもは、話し合いを間接的に避けることが多々あります。たとえば、今は宿題を絶対しなくてはいけないとか、試験勉強をしないといけないとか、好きなテレビ番組を見たい、友だちと遊びに行きたい、などと言うことがあります。

　このようにして話すことを拒否する理由は多岐にわたります。たとえば、

・子どもは、親にとってこの会話がしにくいのを感じ、会話を拒否することで、事実上、子どもに対して説明しなければいけないという親の「責任」を取り去ってあげている。

・なにかひどいことを知らされるのではないかと不安を感じている。

・親の病気に罪悪感を覚えている（たとえば、「成績が悪いせいであんなに母親に心配をかけていなかったら、病気にならなかっただろう」）。

　子どもは、全部知りたいという願いと、なにも知りたくないという願いのはざまで揺れています。社交的になったと思ったら、すぐにまた無関心、無気力、そしてどうでもいい、という気持ちになります。これに加えて、大人や親は、自分のことを全然理解していないという気持ちもあります。

　子どもが話したいと思っていないとき、親が無理に病気について話そうとすることはあまり意味がありません。子どもを強要せず、会話に誘いましょう。そのとき、いつでも話す準備ができていることだけ伝えておきましょう（たとえば、「お母さんになにが起きているか〇〇に説明したいと思っているよ。心配してくれているのを感じているから。なにか知りたくなったら聞いてね」）。
　子どもの行動に気をつけましょう。もしかしたら、ストレスによる行動の変化が見えてくるかもしれません。たとえばこうやって話しかけてみましょう。
・「すごくおとなしいね」
・「いつも友だちに怒っているね」
・「なにか悩んでいるの？（なにが気になっているの？）」
　このような質問を投げかけることで、さらに深い話へと誘うことができます。子どもに対して、素直に思ったことを話せるし、話を聞く準備ができているという合図を伝えることが大事です。

子どもが話を打ち切る場合

　子どもはそのテーマについてもうこれ以上話したくないということを、話題を変えることで示しがちです。彼らは遊びに行ったり、友だちと会ったり、部屋に戻って音楽を聞いたり、突然学校のことを話しはじめたりします。

　子どもの反応であなたが気分を害したり、拒絶したりしないようにしましょう。子どもの行動をうまく受け入れることができると、後で別の会話をしやすくなります。

　子どもが会話を打ち切るのには、さまざまな理由があります。たとえば、
・子どもの集中力に限界がきた可能性があります。子どもになにか重要なことを説明するとき、私たちは子どもの集中力のことを忘れがちです。
・気持ちの面で、これ以上たくさんの情報を処理できないという可能性もあります。子どもの落ち着きがなくなり、ほかのことに気がそれて、話を聞かなくなる、というのがその兆候です。
・子どもは学校で問題があるといった悩みを抱えていても、お母さんやお父

さんに負担をかけたくなくて、それに関して話そうとしない場合があります。それで、会話を打ち切る以外に道がないことがあります。

ワンポイント・アドバイス

　このような場合、子どもには次のように返してあげてください。たとえば、「これ以上話すのがむずかしいかもしれないね？　これからどうなるか、心配しているのかな？　もしかして、お父さんのことを傷つけるかもしれないって気にしてくれてるのかな？」

これ以上話すことを子どもが拒否する場合

　どうして子どもが病気に関してこれ以上話すのを拒否するか、理由を見つけ出すことが大切です。

・今のところ、子どもはすでに十分な情報を持っているかもしれません。なにが起きているのかは理解していて、これ以上は病気について話したくなくて、放っておいてほしいという場合があります。そのときは、「これ以上知りたくない」というのを受け入れてあげましょう。このような態度は、子どもにとって保護メカニズムとして働いています。でも同時に、あなたには話す準備ができているという合図を伝えましょう（たとえば、「もし疑問があったり、なにか知りたいことがあったら、聞いてね！」）。

・子どもが拒否するのは、あなた自身が病気を受け入れがたい気持ちでいることの表れでもあるかもしれません。拒否することで、子どもは現実の一部を隠したいというあなたの願い、そしておそらく家族全員の願いを事実上代弁しているのです。もし、あなたが精神的な病気であることで自分自身を責めずに、病気に伴う限界をもっとうまく認めることができたら、子どもはもっと自信を持って質問できるようになります。

・子どもは罪悪感があるせいで、疑問を口に出すのを避けることがあります。母親や父親が、自分の行動や悪い考えのせいで病気になった、あるいは病気が再発したと信じているため、質問することでその話題に触れるのを嫌がります（たとえば、「もし自分がこんなにたくさんお母さんに心配をかけていなかったら、きっと病気になんかならなかったのに」と思っている場合）。

たくさん質問をしてくる場合

　どうして子どもがたくさん質問をしてくるのか、その理由はさまざまです。

・そもそも好奇心旺盛で、あらゆることを正確に知りたがっています。ほかの分野でもいろいろな質問をします。これは性格的なものです。

・不安なので、たくさん質問をすることで安心しようとしているかもしれません。子どもには、心配ごとや不安に関して直接聞いてみましょう（たとえば、「○○がとても心配してくれてるように感じるんだけど」）。

・あなたの説明や言葉を理解し、受け止めることがむずかしいために、たくさん質問をする場合もあります。子どもの不安を取り除くために、あなたがした説明や答えを自分の言葉で繰り返してもらうといいでしょう（たとえば、「お父さんが○○にわかるように話せたのか、確認したいから、お父さんが○○に説明したことを、もう一度自分の言葉で話してもらえる？」）。こうすることで、あなたは、子どもがただ単にあなたの言葉をそのまま繰り返すだけか、それとも内容を自分なりの言葉で表現することができるかに、すぐ気づくことができます。それをもとに、さらになにかを補足したり、もっと詳しく説明したりすることができます。

・たくさん質問をするというのは、子どもが本当に真実を知らされているか確信がもてないと感じている場合もあります。たとえば、子どもを安心させるために、「きっとまた前みたいにうまくいくよ」と言うと、子どもはあなたの言葉を聞いて安心するのと同時に、あなたの感情表現の中にそれを不確かだとあなた自身が思っているのも感じ取っています。子どもたちは、親の言葉と気持ちの間に矛盾があると思ったとき、親の言葉通りなのかそれとも真実は違うのかどうか、質問することで確かめようとします。もし、あなたが自分の発言に気持ちを込めるなら、「またよくなるといいなと思っているよ」と言うとよいでしょう。これなら、子どもは真実を話

してくれているという確信をもつことができます。子どもは真実を知らされなかったと思うよりは、まだ不確定なことを正直に話してもらう方が受けとめやすくうまく対応できるんです！

注 記

　親の病気に関して知り、家族やその日常生活への影響について理解すると……
・子どもは気持ちが楽になる。
・子どもは病気の親の行動を説明し、整理できるようになる。
・子どもが不安や不確かさ、無力さを感じるような、病気に関するぼんやりしたイメージが減る。
・親の病気に対して責任を感じている子どもの罪悪感が減る。
・誠実さと率直さを促し、このような方法で今後も引き続き親子関係が安定する。
　子どもと病気について話し、子どもには疑問に思っていることを聞くように励まし、子どもを強くし、彼らの成長を促します。

6　子どもの成長が心配なときは、専門家に助けを求める

　精神疾患を抱える多くの親は、子どものことを心配し、そして罪悪感を覚えています。とりわけ病気が悪化している時期に、多くの親はいっぱいいっぱいになり、自分自身を責めて、自分はひどい母親だ、ひどい父親だ、という気持ちでいます。特に治療のために病院へ行くときに、こういった気持ちを強く感じる母親は多いです。入院中は保護者としての責任を十分に果たせないため、子どもが感じるストレスや抱えている問題についての親の責任が自分にあると考えています。

　多くの病気の親は、教育能力が全般的に、あるいは一時的に低くなっているのを経験します。病気のときに子どもに対して必要な配慮や、情緒的な気遣いをしてあげられなかったり、自分自身を貫いたり、境界線を設定したり、子どもを十分にサポートするのをむずかしく感じています。特に子どもがまだ小さいと、多くの病気の親は、子どもの成長によくない影響があるのではないかと恐れています。

　子どもの発達のことが心配で、教育上の問題や困難を抱えていたり、子どもとどうつき合っていけばいいか不確かなら、適切なタイミングで子どもと

家族のために、専門家に助けを求めましょう。

ワンポイント・アドバイス

　一番いいのは、医者やセラピストに、子どもや家族についての悩みを話すことです。

　話すことであなたの負担感も減るし、それによって解決への道やどのような支援があるかを早い段階で見つけることができます。次のことをあらかじめ準備しておくと、気持ちが落ち着くでしょう。

・あなたがもし入院したら、その間に誰が子どもの面倒をみて、幼稚園の送り迎えをしたり、学校の宿題を手伝ったりするのかを話しておく。

・子どもと家族のための心理的サポート——たとえば、子どもや家族で話せる特別なグループ——にどんなものがあるか、そしてどうやってこのサポートを得たらいいか、情報を得ておく。

　子どもに対するケアやサポートを得ることで、あなた自身はよい治療がうけられ、自分自身の問題に取り組めるようになります。

　子どもや家族のための専門的な支援は、あなた自身の病気の経過や回復によい影響を及ぼします。また体調がよくなったら、子どものケアや世話にもう一度力を注ぎこむことができるのです。

6-1　子どものための支援をどこで見つけたらいいか？

　精神疾患を患う親は、子どもについて問題や負担を感じていて、子どものために支援を受けたいと思っている、ということが研究でわかっています。[2] 親は子どもの成長を心配し、育児や子どものケアなどの一般的な支援から、余暇活動、仲間との交流、学習支援、家事の支援、心理療法による支援などの具体的なものに至るまで、実にさまざまな支援を求めています（次ページの表5を参照）。

　子どもや家族のための支援についてはこのような希望が具体的に挙げられていますが、調査では、病気を持つ親の多くが、こうした支援を利用したことがないことが繰り返し報告されています。

　多くの親は、いったいどこで子どもや家族のための支援を得ることができるか、どの機関が窓口として責任があるのかを知りません。さらに、病気（またはそのほかの理由）のために、子どもに十分な世話や養育をすることがで

表 5：親が希望する支援の領域

日常での支援	・家事の負担軽減 ・子どものための余暇活動 ・学習支援、学校にまつわる日々のケア ・シッター
セラピー関係の支援	・子どもを治療に参加させる（家族面談、子どもとの個別面談） ・子どものためのセラピー ・一緒に入院する（母子治療）

きない、または十分にできていないと感じた場合、青少年支援法［Kinder-und Jugendhilfegesetz］（KJHG ／ SGB VIII）に基づく援助や支援を受ける法的権利があるという関連情報も不足しがちです。

　青少年支援法にはこう記されています。「養育者は、児童または青少年の最善の利益となる養育が保証されず、その援助が児童または青少年の発達に適切かつ必要な場合、その養育を支援する権利（養育の支援）を有する」（§27 Abs. 1 KJHG ／ SGB VIII）。これは、当事者の親が青少年局［Jugendamt］に対して法的な主張をするのであって、青少年局が家庭の事情に介入する権利を持っているわけではありません。社会保障法としての青少年支援法は、青少年局が親を支援することを義務づけていて、これによって子どもの最善の利益になるような養育を補償しています★9。

　青少年支援法には、あなたが親としての法的権利を有したまま受けられるさまざまなかたちの支援が記載されています。しかし、支援を受ける条件と

★9　日本では児童福祉法で、「すべての児童は、適切な養育や生活の保障、愛され保護されること、心身の健やかな成長・発達・自立がはかられ、その他の福祉を等しく保障される権利を有する」（第1条要約）としています。第2条では「国及び地方公共団体は、児童の保護者とともに、児童を心身ともに健やかに育成する責任を負う」としています。
児童福祉法（改正内容は 2024 年 4 月 1 日から施行）には親や子ども、家族へのさまざまな支援が記載されています。住んでいる市町村の「こども家庭センター」（地域により名前が異なります）が 18 歳未満の子どもがいる家庭に対する総合的な相談窓口になります。また、赤ちゃん訪問や乳幼児健康査査などを行う市町村の「保健センター」がこの役割を担っている地域もあります。こども家庭センターや保健センターでは、無料で子育てに関する相談や家庭訪問、保育園・幼稚園、学校との連携も行っています。ヘルパー派遣などのサービスを利用する際は、審査や一定の費用負担があることが多いです。
子育てに関する相談は、ほかに「地域子育て支援拠点（未就学児とその親が主な対象）」、「教育相談センター（義務教育年齢児とその親が主な対象）」、「児童発達支援センター（障害のある子どもを育てる親の相談先）」等があります。

して、青少年局の審査があります。つまり、子どものことを心配して青少年局に連絡すると、青少年局の職員が独自に状況を把握することになります。職員が、あなたと子どもと、そしてあなたの同意のもとで保育園や幼稚園、学校の先生とも話すことがあります。あなたとほかの専門家が一緒に、子どもにとってどんな支援がいいかを考えていきます。

　青少年局は、あなたが子どものための支援を探すとき、非常に重要な窓口となります。青少年局は支援につながる道のりを可能にし、そのための費用を負担してくれます。これらのサービスの多くは、カリタス、ディアコニー、労働者福祉団体［Arbeiterwohlfahrt］などの福祉団体が提供しています。

　精神疾患の親がいる子どものための重要な支援には以下のものがあります。

・**社会教育的家庭支援**：この形態の支援では、週に一定時間、教育学の専門家が家族をサポートしてくれます。専門家が家族のメンバーと問題や葛藤について話し、ストレスにうまく対処できるように子どもを助けます。彼らは、たとえば親が子どもに精神疾患について話すときにサポートしたり、子どもが問題を解決するのをサポートします。教育学の専門家は通常、長期にわたって週に数時間、家族につき添うので、ストレスの多い困難な段階で家族全員にとって身近な重要な人になり得ます。

・**教育支援**：小さな子どもや小学生がいる家庭では社会教育的家庭支援が行われますが、思春期の子どもには教育支援というかたちで支援が行われることが多いです。思春期の子どもたちはより外向き志向が強いです。親離れ、精神的自律、仲間と親密な関係を築くといった発達における大事な段階があります。教育専門家が教育アドバイザーの役割を担い、この重要な発達段階をサポートし、導いてくれます。精神疾患を患う親は、教育支援があることで安心できることが多いです。成長過程にある子どもの発達を考えたときの、罪悪感や心配が小さくなります。

・**教育相談所**：教育相談所［Erziehungsberatungsstelle］は、青少年局に事前に申請しないで、直接訪問することができる施設です。そのため、利用するときのハードルはかなり低いです。親にとって、このような相談所には助けを求めやすいです。教育相談所も「教育扶助」の範囲内のサービスであり、青少年支援法に国家の義務としてのサービスであると記載されているため、こちらも無料です。この施設では子どもの発達の問題や学校の問題、あるいは

一般的な教育の課題をサポートします。家族・親の相談、子どものための個人相談・グループ相談は、心理士や社会教育学者、セラピストが行っています。多くの教育相談所は、精神疾患の親がいる子どもたちのために特別な支援グループを作り、診療所や社会精神医療サービス、精神科医や心理療法士と協力しています。教育相談所は、青少年局との橋渡しにもなり、子どもへの包括的支援──社会教育的家族支援や教育支援──を得るときにサポートしてくれます。

・セラピー：メンタルサポートは、児童・青年精神科医や児童・青年セラピストが行います。子どもが大きなストレスを抱えていて、セラピーが必要かもしれないと思ったら、小児科医や、あなたの担当をしているセラピスト、教育相談所のスタッフに相談するのが一番でしょう。子どものためのセラピーは保険でカバーできます。複雑な申請手続きが必要なため、教育相談所のように簡単にアクセスできるわけではありません。さらに、通常は治療を開始するまでの待ち時間が長いです。

6-2　母子治療──若い病気の母親たちへの支援

さまざまな精神科クリニックが、精神疾患の母親と、その乳児や、まだ幼い子どもを一緒に受け入れる機会を設けています。この母子治療は、出産後に精神的な問題が大きくなったことでセラピーの助けを必要としている母親たちに向けたものです。[11]

母子を一緒に受け入れることで、子どもと離れ離れになるのを回避できます。産前産後に体調を崩してしまう母親の多くは、子どもとの関係が絶たれてしまったり子どもを失ってしまうことを恐れて、自分の精神的健康に不調があっても、それを隠してしまうことがあります。体調が悪い母親は、子どもの世話が十分にできず、自分自身やまわりが望んでいるように子どもを喜ばすことができないため、絶望し、ダメな人間だと感じ、自分を責めてしまいます。まわりからの圧力と自分自身への期待があることで、問題を打ち明けたり、適切なセラピーの支援を求めることを長い間ためらってしまいがちです。

母子で一緒に入院治療が受けられる可能性があると、精神療法を受けるハードルが下がるだけでなく、母親が長期間の入院治療に取り組む意欲も高

まります。

　母子治療では、母子関係の維持にとどまらず、母子の愛着関係の促進・強化も目指しています。母子をクリニックに一緒に受け入れて、保護と信頼に満ちた環境の中で、母親と子どもが双方向的に触れ合うことを促します（第3章の1節〔70ページ〜〕の説明を参照）。

　ほかの母親とグループで話すことを通して治療が行われ、母親同士で経験を共有する機会もあります。このようにして、母親は子どもとどう関わっていったらいいのか、お互いに刺激を受け合うのです。遊びのグループでは、子どもの発達に応じた遊びや運動の刺激を与えることで、母親も子どもと一緒に遊べるようにサポートします。

　この母子治療においては、対象はあくまでも病気の母親です。母子関係を支え、子どもの発達を安定させ、精神的な症状が生じるのを防ぐという意味で、治療的介入が子どもに対して部分的によい影響を与えはしますが、治療の努力は少なくとも子どもに直接的には向けられてはいません。子どもは、法的・経済的な面でも、治療的な面でも、主に親が連れてきた人という理解になります。加えて子どもの親権は入院中も引き続き母親、つまり親が持っています。

　ドイツの精神科クリニックで提供している母子治療の規模や形態の詳細な内容は次のホームページに記載されています。周産期（産前産後）精神疾患のための自助組織であるシャッテン・ウント・リヒト（Schatten und Licht, / www.schattrn-und-licht.de）、国際的な周産期精神疾患の学会であるマルセ・ソサイエティ（International Marcé Society for Psychaitric Disorders of Childbearing）のドイツ語圏支所（www.marce-gesellschaft.de）などがあります★10。

★10　日本では、日本産婦人科医会によるMCMC（Mental Health Care for Mother & Child / https://mcmc.jaog.or.jp/）が妊産婦のメンタルヘルスに関する情報を掲載しています。市町村のこども家庭センターや保健センターでは母子の相談支援や情報提供、必要に応じて親が受診している医療機関と連携して支援内容を検討します。また、子育て短期支援事業（子どもショートステイ）や子育て援助活動支援事業（ファミリー・サポート・センター事業）等で母子の支援をしています。改正児童福祉法では、親子関係形成支援事業（2024年4月から実施）として、子どもとの関わり方や子育てに悩みや不安を抱えている子育て家庭に対して、親子の関係性や発達に応じて子どもとの関わり方等を学ぶための講義、グループワーク、個別のロールプレイ等を内容としたペアレントトレーニングを提供します。これにより、健全な親子関係の形成を支援するとともに、同じ悩みや不安を抱える保護者同士の横のつながりづくりを支援します。

第4章
保育園や幼稚園、学校の先生たちのための特別なアドバイス

1　子どもの行動の変化に気をつけよう

　保育士や幼稚園教諭、あるいは学校の教員として、あなたは子どもの人生に重要な役割を果たしています。保育園や幼稚園、学校の先生は、子どもたちの社会的発達、情緒的発達、認知的発達を促し、人格形成をサポートし、子どもたちを理解し、承認し、尊重することを通して、彼らの自信と自己効力感への信頼を育みます。あなたは、子どもたちの学習過程を導き、指導し、彼らの能力や才能を引き出すためのトレーニングを受けています。同時に悩みや不安があるときの相談相手、ときには葛藤や危機的状況に陥ったときのアドバイザーにもなります。あなたは先生として、子どもに対して理解を示し、肯定的で受容的でありつつも、同時に境界線がある関係を築き上げることで、サポート体制を提供します。あなたは子どもにとって、重要なモデルでありお手本でもあります。そして、子どもと子どもの発達についての専門家なのです。

　何年にもわたって、近くでほぼ毎日子どもと接することで、あなたは保育園や幼稚園、学校の子どもたちのことを熟知しています。子どもの強みや能力も、弱点や問題も、きちんと評価することができるのです。だからこそ、あなたは——たとえば幼稚園のグループや学校のクラスで——子どもの行動が変化したとき、それを正確に認識することができます。

注記

　精神疾患の親がいる子どもは、ストレスや問題があるときに、行動や情緒面に表れます。ふだん慣れ親しんでいるその子の行動や感情表現の変化は、彼らのキャパシティを超えてしまい、ストレスを感じていることを意味しています。子どもの行動の変化が長期間続く場合はもちろんのこと、ある日突然起こるような子どもの行動の変化にも特に注意してください。

1-1　子どもの行動と感情表現の変化はどのように表れるか？

　変化といってもさまざまな形があり、子どもによっても異なります。表6に、親の精神疾患に関連した家庭内の問題やストレスを表していると考えられる、子どもの行動、同年齢の子とのつき合い、子どもの様子を通して親からの世話やケアに見られる変化の例をまとめました。

表6：家庭での問題やストレスの兆候として考えられる行動の変化、世話やケアの変化の例

子どもの行動における変化	・悲しそうで緊張して神経質になっている。グループやクラスでほかの子と一緒にする活動にまったく参加していない。あるいは、明らかに以前よりも参加していない。 ・集中力がなくなり、疲れている。授業の流れや内容についていくのが大変になる。 ・ほかの人、あるいは先生に対して攻撃的な行動をとる。言葉で攻撃的な反応をしたり、身体的な攻撃をする。身体的な攻撃は自分自身に向かうこともあり、これは自傷行為につながることもある。
同年齢の子とのつき合いにおける変化	・これまでの友人関係から離れ、友だちグループから距離を置いたり、休み時間をひとりで過ごすようになる。 ・友だちをかたくなに拒絶したり、否定的な態度を取る。あるいは、挑発したり怒らせたりして、喧嘩や攻撃のきっかけを探している。 ・友だちと一緒になにかを楽しんでいるという話をしなくなる。たとえば、誕生会に招待しなくなったり、招待されなくなったりする。あるいは、クラスメートと一緒に活動するときに誘われなくなる。
子どもの世話とケアにおける変化	・幼稚園や学校を休みがちになったり、いつもの時間に連れて来てもらえていない。園や学校に遅刻したり、とても早く来たりする。親からの連絡なしに、園へのお迎えが遅くなることが多くなる。 ・ずっと、着せてもらっている服がきちんとしていなかったり、季節に合った服を着ていることが少ない。水筒とお弁当を持たずに園や学校に来る。子どもの基本的なケアの部分に問題があることが明らか。

もちろん、子どもの行動のあらゆる変化の背後に、いつも親の精神疾患が隠れているわけではありません。家庭内や子どもの身近な社会環境におけるほかの問題や葛藤が原因になっていることもあります。たとえば、両親が喧嘩をしたり近親者と争いがある、両親の別居、経済的な問題による家族のストレスや緊張、暴力の経験なども、子どもの行動に突然あるいは長期的な変化をもたらすことがあります。

これとは別に、特に低年齢の子どもでは、おもちゃをめぐる同年齢の子との争いや、遊ばせてもらえなかったり、活動に入れてもらえなかったという経験が、引きこもったり、攻撃的な行動につながることがあります。子どもは「日常的な問題」に対して、大人よりもはるかに強く反応することが多いです。

1-2 精神疾患を患う親は、保育園や幼稚園、学校でどのように振る舞う可能性があるか？

精神疾患を患う親は、スティグマや差別を恐れて、保育園や幼稚園、学校で病気を隠すことが多いです。世間ではいまだに、精神疾患は感情の起伏が激しく、おとっているなど、弱い性格の象徴だと思われています。親の中には、多かれ少なかれ、身近なところや社会の中で、軽蔑するようなコメントや発言を耳にしたことがある人もいます。そのような経験によって傷つき、屈辱を感じ、排除されていると感じるからこそ自分の病気について話すのを避けます。精神疾患を患う親の多くは、子育てに困難を抱えていても、親権を失うのを恐れて、問題を抱えながら子どもにどう関わったらいいか相談するのを避けます。

ここでも、子どもの行動と感情表現における変化（133ページの表6を参照）のときと同じように、親の子どもに対する態度や、あなたとのつき合いにおける態度の背後に、必ずしも親自身の精神疾患が隠れているわけではありません。このような行動は、たとえば早産児や発達の遅れや知的障害のある子どもをもつ母親や父親など、ほかのストレスの多い状況でも見られます。また親のこのような行動は、別居や離婚など、家庭でのストレスが急激に増している状況でも起こりえます。

表7に示した例は、特に健康状態が悪化した場合や病気の急性期に目にする可能性のある、精神疾患の親が子どもに対して取る可能性のある行動や、先生であるあなたとのつき合いにおいて取るかもしれない行動です。これらの行動の変化に気をつけましょう。

表7：精神疾患を患う親がストレスの強い段階で取り得る行動について

子どもに対する親の行動の変化	・突然、長期間にわたって子どもから距離を置くようになる。子どもとほとんど話さなかったり、子どもの送り迎えをほとんどしなくなったり、子どもをあたたかいまなざしで見ることが少なくなる。 ・子どもが報告したり、親に見せたいと思っているものにあまり関心がない。たとえば、子どもが描いた絵に目を向けたり、観賞したりすることがほとんどない。 ・子どもに対してせっかちで、イライラしている。攻撃的でさえある。 ・子どもを大きな声で批判し、子どもがしたことを軽蔑したり、低く評価している。 ・過保護で心配性になっている。起こりうるあらゆることに対して、いつも心配している。
先生とのつき合いにおける変化	・あなたと話さなくてすむように長いこと避けている。そのため、幼稚園や学校に長時間滞在するのを避けているので、せわしなさそうに見える。 ・あなたと話すときに、不安そうで、自分からはほとんど話さず、視線を合わせるのがむずかしい。 ・感情表現や語りにおいて、落ち込んでいるように見えたり、気持ちがこもっていなかったり、話が筋道だっていなかったり、混乱して集中力が欠けている。 ・あなたからの質問にほとんど答えない。あるいは話を遮ったり、そもそも話す機会がほとんどなかったりする。 ・親が自分の話ばかりして、あなたは話をなかなか終わらせられない。 ・あなたから見たらそうではないが、親が自分の子どものことをむずかしくて変わっていると言う。 ・あなたが自分の意見やあなたが観察したことを話すと、すぐに攻撃されたと感じ、敵対的で侮蔑的な反応をする。

1-3 子どもの行動の変化に気づいたら、どうしたらいいか？
親の行動にあなたはどう反応したらいいか？

注 記

一般的なルール：

・ほかの子どもたちやあなたとのつき合いの中で、子どもの行動面の変化について
　親に話してみましょう。

・親の子どもに対する行動や、あなたとのつき合いの中で行動の変化が見られたと
　き、親に声をかけましょう。

　親に声をかけ、あなたがどう認識しているか、どんな印象を受けているかを話す
ことで、共感や関心があることを伝えると同時に、話し合う準備ができていること
を伝えます。ストレスや問題、心配ごとについて話せるのだという合図を親に送る
のです。

　その際に大切なのは、親が恐怖心や羞恥心から慎重になったり、話し合いの申し
出に応じなかったり、あるいは最初に拒否反応を示したりしても、非難しないで受
け入れることです。

　以下の「会話のルール」が親と建設的に話すときにとても役に立ちますの
で、参考にしてみてください。8)

主語を「私」にして話す

　親との会話では、あくまでもあなたの個人的な観察、考え、印象について
話しているということをはっきりさせておく必要があります。そのことが伝
わる大切な合図として、あなた自身の認識や気持ちを話していることを示す
ために、「私は」という言葉を使い、主語を「私」にします。「私は」という
言葉を使うことで、話し手が聞き手に自分の考えをシェアしようとしている
ことがはっきりします。話し合いの目的は、あなたの個人的な印象や気持ち
を相手に聞いてもらうことです。親と話すときは、あなた自身の観察、あな
たが気づいたこと、あなたが心配していることについて話しましょう（例：
「私には、○○さんが最近とてもしんどそうで疲れているように見えるのですが」）。

　あなたの印象や認識を述べることで、非難や思い込みに陥ることなく、あ
なたの視点を聞き手に理解してもらえます。あなたが親と子どもたちの幸せ

を願い、それゆえに心配していることを伝えるのです。こうすることで、親はあなたの認識や評価に対して、自分自身の見解を話しやすくなり、あなたとの会話に参加する道が開けます。

> **注 記**
> 「私は」と言うことで、話し手は自分自身が感じたことを話しているというのが明らかになります。これによって聞き手は、話し手からの非難から自分を守ったり自己弁護をしなければならないと感じずに、自分の見解を説明するために、会話に入っていきやすくなります。

具体的な状況について話す

　親と話すときは、自分が行動の変化に気づいたときの状況をできるだけ具体的に説明しましょう。「いつも」とか「決して」といった一般論は、聞き手の否定的な感情や反論を呼び起こすので避けましょう。このような言葉を耳にすると、親は防衛姿勢を取って身構えなければいけないし、追い込まれているように感じるため、会話をシャットアウトするかもしれません。あなたが観察した状況をできるだけ具体的に伝えることができれば、親の側はあなたの認識に向き合いやすくなります。

具体的な行動について話す

　状況を具体的に伝えるのに加えて、観察した行動についてもできるだけ具体的に話すといいです。その状況であなたが観察したことを具体的に描写することで、その行動に親や子どもの性格的特徴を見て取ったのではなく、彼らの行動の変化を見たという点をはっきりさせるのです。したがって、「典型的な」とか「いつも」という言葉で一般化するのは避けるべきです。このような一般化には、その人には多かれ少なかれネガティブな特性があると決めつけている危険性があるからです。これはさらに、親との対立や話し合いの後戻りを招き、建設的な会話がむずかしくなります。その人に属する特性に言及するのではなく、あくまでも具体的な説明に終始することによって代替案が出てきやすくなり、これが問題解決への第一歩となります。

テーマに沿って話す

　大切なのは、現在と未来を前向きに変えていくことであり、親と一緒に今
後の道筋や解決策を探すことです。ですから、「今、ここ」にとどまって、
過去のできごとや以前あなたがした観察の話に戻らないようにしてくださ
い。昔のできごとを具体的に説明することはむずかしいし、過去のことに
戻って話すと、実際のテーマから話がそれてしまう危険性が高いです。

1-4　親の発言にどのように反応したらいいか？

　そもそもコミュニケーションというのは双方向的なもので、参加者が交流
し、同時にお互いに影響を与え合います。そこには、メッセージのやり取り
があり、相互に影響し合っています。あなたが親の発言に対して積極的に反
応しなければ、会話は展開していきません。あなたからの反応がなければ、
会話は続かずに、話の展開がないまま親の最初の発言にとどまってしまう恐
れがあります。

もし、親が話し合いの申し出を受け入れ、自分自身の印象や認識、ましてや困っていることや心配していることについても話しはじめたら、あなたは重要な聞き役になります。以下のルールを守ることで、親との話し合いに関心があることを示しながら、やりとりを続けることができます。次の会話のルールは、相手に対して積極的に応じるのに役立ちます。

・相手が言いたいことを正確に把握する。
・相手が言ったことを理解したと伝える。
・相手が直接発言したことに対して、一貫して肯定的であることを示す。

傾聴することで関心をもっていることを示す

　うなずき、アイコンタクト、向き合った姿勢を取るなどのジェスチャーを使って、あなたがしっかり話を聞いているという合図を親に示しましょう。親は誰かに家庭の状況を話すのを居心地悪く気まずいと感じているかもしれません。ですから、アイコンタクトをずっとキープする必要はありません。目線を外しながらの方が親にとっては話を続けやすいですし、それと同時にあなたが話についてきているという合図にもなります。「へえ」「そうなんですね」というような短い相槌があると、さらに話しやすくなります。直接励ましたり、肯定的なフィードバックをすることでも、話を続けてもらいやすくなります（たとえば、「なるほど。おっしゃることがよくわかります」「○○さんが困っていることをきちんと理解したいと思っています」）。

ワンポイント・アドバイス

　ふだんから自然と傾聴を実践していても、状況によっては特に注意を払うとよいでしょう。とりわけ精神的な病気を抱える親は、あなたとの会話に大きな不安を覚えている可能性があります。適切に傾聴することで、話し続けていいんだ、話を聞いてもらえているんだ、という安心感を与えることができます。

言われたことを正しく理解したかどうか、確認する

　会話では、親があなたの伝えたいことを受け取ろうとせずに、あなたの発言を違う意味で理解してしまう危険性が常にあります。これを防ぐには、会話中に親の発言をその都度もう一度あなたの言葉でまとめて、親にフィードバックしていくとよいです（たとえば、親の話を受けて「ここ数日、朝とても疲れて

いるので、時間通りにサラちゃんを起こしてあげるのが大変、とおっしゃいましたけど、私のこの理解であっていますか？」)。

　こうすることで、親の話を正しく理解できたかどうかを確認する機会を作ります。さらに、話してくれたことをまとめることで、あなたの気遣いと尊重が親に伝わります。

あなた自身の気持ちを親に伝える

　精神疾患を患う親が語る話は、聞き手であるあなたにとって、とても心が動かされることかもしれません。あなたのその気持ちを親に話すことで、話してくれたことに対する感謝や共感を表し、親の状況や困難について理解しているということをはっきり示すことができます（たとえば、「調子が悪くて朝起きるのも大変なときに、娘さんをきちんと幼稚園へ連れていくのがどんなに大変なことかと思います」）。

　親の話を正しく理解できたか確認するために、話してくれたことをまとめながら、あなたの気持ちを伝えてください。

信頼して話してくれたことへの感謝を会話の最後に伝える

　精神疾患を抱える親は、誰に家庭の状況について話すか、悩みや困難について誰に打ち明けるか、誰には話さないかをはっきり区別しています。ですから、あなたに対して心を開いているとしたら、それは大きな信頼のあかしです。これは絶対に大切にしなければなりません。相手が信頼してくれたこと、話をしてくれたことにきちんと感謝を伝えることで、相手にとってこの会話にどれほどの勇気と努力が必要だったか、あなたが気づいているという合図になります（たとえば、「これについて話すのは本当に簡単なことではないと思います。病気のこと、お子さんについての悩みを話してくださって、○○さんの勇気をとても素晴らしいと思っています。私のことを信頼してくださってありがとうございます」）。

　話してくれたことに感謝し、今後も親と子どもの話に耳を傾けていくとはっきり伝えることで、会話をいい形で終わらせることができます。

1-5　精神疾患に関して、あなたは個人的に どのような認識をもっているか？

　このようなルールを守ることで、話しやすい雰囲気を作ることができます。精神疾患を抱える親が、子どもについての悩みや子育ての問題を打ち明ける勇気を実際に出すかどうかは、その人が人としてもっている内面的な態度や、特別な家庭環境、話し相手に対して感じている内面的な態度と密接に関係しています。これまでにまわりからの偏見にさらされたことがある場合、無意識のうちに精神疾患に対してネガティブな評価をしていて、それが自分自身に対してもマイナスに作用しています（たとえば、「私には自分の子どもの面倒をみる能力がない」とか「私はダメな母親だ」など）。自分自身に向けられたスティグマは、18ページの第1章の1節で述べたように心理学の分野ではセルフスティグマと言われています。セルフスティグマによって、精神疾患のある親は、言葉の裏に隠れているかもしれない話し相手の考えや態度に対して敏感になっています。こうした考えや態度というのは、言葉を通してではなくて、顔の表情、身振り、姿勢などの非言語的なコミュニケーションによって伝わってしまうものなのです。9)

　精神疾患を患う親は、話し相手が精神疾患に対して、また精神疾患を患う親である自分に対して、どんな態度を取ってどんな考えをもっているのかを敏感に感じ取っています。そのため、あなた自身が精神疾患や精神疾患を患う親に対して、実際のところ内心どう考えているかを吟味することは、彼らに対して真摯に共感的に、尊重して接するためにとても役立ちます。

　次のような問いは、自分自身の——深いところに根差している——精神疾

背景知識：言語・非言語コミュニケーション

　コミュニケーションは、言語と非言語の両方があります。言語レベルでは言葉によって情報を交換し、知識を伝達したり、行動を勧めたりします。たとえば、あなたはある母親にこう言ったとします。「私には、あなたが最近とてもしんどそうで疲れているように見えます」。これは言語でのコミュニケーションです。

　このような発言と同時に、非言語では、顔の表情や身振り、姿勢を通して、あなたの気持ち、価値観、考え方、共感が相手に伝わっています。そして、このコミュニケーションの非言語によって、あなたの言葉による発言を目の前にいる母親がどう理解するかが決まります。

　たとえば、先ほどのあなたの発言に対して、母親がこう答えたとします。「そうなんです。自分でもそう思います。しばらく頭痛が続いているので、医者に行かなければと思っているんです」。この場合、母親は先ほどのあなたの発言を、おそらくは好意的な関心から来たものだと受け取っているでしょう。

　一方、母親が心を閉ざして怒っているようであれば、同じあなたの発言は、おそらく、軽蔑的な態度が背後に潜む非難として母親に伝わっているでしょう。

　非言語のメッセージは、言葉に比べると、はるかに意識的なコントロールが効かないものです。だからこそ、価値観や態度、感情がより明確に現れます。

患に対する考えを意識化するのに役立ちます。

・精神疾患を患う人について、どんな偏見があると学んだろうか？
・私の社会、職場の中で、精神疾患を患う親についてどんな偏見があるだろうか？
・もし私が精神的な病気になったら、どうなるだろう？
・私自身は、精神疾患を患う親について次のように考えていないだろうか？
　たとえば……
　－精神的に健康な親よりも、低く見たりしていないだろうか？
　－精神的に健康な親よりも、信頼が低いだろうか？
　－病気を彼ら自身のせいにしていないだろうか？
　－彼らの育児能力を疑ったり、場合によっては完全に否定したりしていないだろうか？

　精神の病気や精神疾患を患う親に対するあなた自身の偏見を見直すという基本的なことに加えて、親の精神疾患に関する情報が、子どもや親とあなたが関わるときにどのような影響をおよぼす可能性があるかも考えてみる必要

があります。次の練習は、あなたが自らを振り返るきっかけとなるはずです。

1-6　話し合いで親が無反応、無関心な場合はどうしたらいいか？

　子どもの行動や感情表現における変化について、あなたの認識や印象を伝えたときに、親に反応がなかったり、無関心だったりして、その後あなたを避けるようになることもあり得ます。[12]

　このような反応を示す理由は、精神疾患を患う親の場合、多岐にわたります。たとえば……

・**スティグマの経験**：親がすでに自分の社会環境の中で偏見、拒絶、軽蔑にあっていて、そのため非常によそよそしい反応、あるいは拒否反応をします。このような反応をすることで、さらに否定的な経験をするかもしれない可能性から自分の身を守っています。

・**セルフスティグマ**：親が周囲からの否定的な見方を取り込み、自分自身を

悪い母親や父親だと感じています。そして、まさにこのことで非難されるのを恐れています。

・干渉されることと親権喪失への恐れ：親は、あなたが青少年局（日本では児童相談所）に通報し、病気を理由に子どもを取り上げられること、少なくとも自分の意思に反して養育に干渉されることを恐れています。

　従って、あなたが話し合いの提案をしたとき、親が拒絶したり無関心だったりするのは、あなた個人に対するものではありません。そうではなく、スティグマや親権喪失への恐れ、またしばしばセルフスティグマが強すぎることによるものです。あなたはまず、話し合いの提案を断られたことを受け止め、親に詰め寄ったり、批判したりしてはいけません。どのような形であっても、圧力は親との関係に悪影響を及ぼし、親が拒否したり心を閉ざす傾向を強めてしまいます。

　このような状況の中で一番いいのは、あなたが親に話しかけようと思ったきっかけとなった印象や認識を、もう一度話してみることです（たとえば、「前にもお話したように、私の印象では、トーマス君がこの数週間、自分の殻に閉じこもっていて、なにか本人が思っていたのと違うことがあるとすぐ攻撃的になっているようなんです。もし親御さんも気になっていることがありましたら、それについてお話ししませんか」）。

　このように話すことで、親に対して、子どもと親の両方に人として関心を持っていることが伝わります。同時に、あなたが話し合いに対してオープンだということを示せます。ある意味、親が必要だと感じたタイミングでいつでも話し合えるのだという提案をもう一度しているようなものです。

　機会をみて、親には、あなたの見立てや認識についてもう一度話してみるといいです。その際に大切なのは、批判的にならず、会話のルールを守ることです（第4章1-3〔136ページ〜〕参照）。

　親が無反応だったり、無関心だったりする場合は、保育園や幼稚園、学校の同僚とあなたの見立てや認識について話し合ったり、外部の教育学や心理学の専門家に相談するとよいでしょう。このような意見交換は、自分自身の見立てや認識をチェックするのに役立ちます（第4章の3節〔147ページ〜〕も参照）。

2 子どもの気持ちやニーズに対する 親の意識を高める

　ストレスがかかっている状況、危機的な状況、葛藤のある状況において、親が子どもの立場に立って、子どもの感情やニーズを十分に認識し、子どもの合図に敏感に反応するのはむずかしいことが多いです。これは精神疾患を患う親だけでなく、たとえば別居や離婚などで葛藤を抱える親にも見られます。精神疾患を患う親の場合はさらに、他者視点に立つのがむずかしくなるのが病気の一部であり、いわば病気の症状のひとつであることも多いです。また、病気に伴うストレスで、親が自分の子どもの気持ちやニーズを理解できなくなることが多いです。8)

　親が子どもの気持ちやニーズに敏感に反応できるようになるには、親自身が自分の感情やニーズを察知できるようになることが一番よいことを私たちは知っています。他者視点に立つ能力は、ある意味、自己内省力を前提としているのです。心理学では、基本的なコミュニケーション能力や相互作用の能力のことを「メンタライジング」（自分や他者の心の状態を想像する能力）と呼んでいます。

注 記
　メンタライジングとは、他者（たとえば子ども）や自分自身の思考、感情、ニーズを認識し、考える能力のことです。つまり、メンタライジングとは他者と自分自身を知覚する能力のことです。

　メンタライジングでは、親が子どもの気持ちやニーズ、そして自分自身の気持ちやニーズについて考えることを目的とした簡単な質問をしていきます。
・子どもは、これをどう感じると思いますか？
・あのとき、子どもの中でなにが起きていたと思いますか？
・子どもがあのような反応をしたのはなぜだと思いますか？
・あの状況で、あなたの中でなにが起こっていましたか？　あなた自身はどう感じましたか？　心の中でどんな考えが浮かびましたか？
・あなたがあのような反応をしたのはなぜだと思いますか？

例：トーマスの場合（101 ページの続き）

　トーマスはずっと、いつか父親に会うのを許してもらいたいと思っていました。母親は、トーマスの気持ちがそれほどまでに強いことに気づいていませんでした。母親は息子のトーマスを失うことを恐れているし、妊娠中に自分のことを置いていなくなった父親に対していまだにひどく腹を立てています。それで最初にトーマスの父親に会いたいという気持ちを聞いたとき、とても怒って拒絶しました。

　あなたがトーマスの母親と話すときに、次のような質問を投げかける場面を想像してみましょう。

・「トーマス君がお父さんのことを話すとき、彼の中でなにが起きていると思いますか？」
・「どうしてトーマス君はあのような反応をしたんだと思いますか？」
・「あの状況の中で、お母さんの心の中ではなにが起こっていましたか？　どう感じましたか？　どのような思いがわいてきましたか？」
・「どうしてお母さんはあのような反応をしたとご自身で考えていらっしゃいますか？」

　このような質問には共感が込められています。あなたは親の目線で世界を見ようとします。あなたの見方を押しつけるのではなくて、気持ちやニーズについて親自身が考えられるように励まして、子どもも親も進んでいける道を見つける可能性を開きます。

　このような質問を通して、親の内省力が促されます。それにより、子どもが内省力を身につけるための模範となる役割をよりうまく果たせるようになります（第2章の4節〔66 ページ〜〕）。すでに述べたように、心理学では、**自己内省、自己制御、他者視点の獲得**のことを、内省力といいます。第2章の4節で紹介したアメリカの研究で、これらの内省力が見られたレジリエンスの高い子どもたちは、自己内省力、自己制御能力、他者視点を獲得する能力を備えた保護者が少なくともひとりはいました。これらの調査結果からわかることは、内省力を得るために、親や身近で重要な役割を果たす大人が子どもにとって大切なモデルになるということ、そしてこれらの能力は幼児期に

育めるということです。

3　ほかの専門家と連携を取るには

　あなたの教員生活の中では、専門家に連絡してアドバイスを求めたいと思うような状況に数多く直面していることでしょう。

例

- あなたは最近、子どもの行動に目立った変化があることに気づき、そして／あるいは、あなたや子どもに対する母親や父親の態度が最近明らかに変わったことに気づきました。あなたは親に精神的なストレスがあるか、もしかしたら精神的な病気があるかもしれないと推測します。あなたは親に話しかけるべきか、どうやって話しかけたらいいか、あなたの考えすぎなのか、もし親にあなたの見立てを話したら、そのときにどうなるかわかりません。
- あなたは母親または父親に――もしかしたらもう何度も――子どもの態度が変化したことを話します。それに対して、親は、あなたには筋が通らないように思えるような説明をしたり言いつくろったりして、あなたが観察したことやあなたが受けた印象を否定します。あなたには、それが言い訳や言いくるめのように思えます。
- 親はあなたの説明や見立てを拒絶したり、攻撃的に突き放したりします。そしてあなたのことを、家庭のことや個人的なことに干渉していると非難します。そして、子どもをどう育てようとあなたには関係ないでしょう、と言います。そして、このような言い争いの後、親は意図的にあなたのことを避けるようになります。
- あなたは長期にわたる自分の観察、そして／または、子どもの特異性が深刻なことから、子どもの成長に対してネガティブな影響があったり、子どもの幸福が脅かされたりすることを恐れています。そして、これは子どもの幸福が危険にさらされているケースではないのか、子どもを保護するための措置を講じるべきかどうかを検討します。しかし、同時に、あなたは自分の感覚や結論が一面的すぎないか、とも考

えます。

・親があなたのところに来て、子どもの特異性や行動の変化についてあなたがどう評価しているか聞いてきます。あなたは子どものことが心配なので、親がどうしたらいいのか、どこに相談したらいいのか、アドバイスをしてくれるところを探します。どのような種類の支援やどのような機関がその家庭に一番適しているのかわかりません。

　この例にあるような状況は、職業上、教員が日々直面しているものです。そして、このような疑問が湧きます。たとえば、

・私の認識や見立ては本当に根拠があるものなのだろうか？　それともただの勘違いなのだろうか？
・私は親に対してどう反応すればいいのか、あるいは反応するべきか？
・このような場合は、親にどう対応するべきか？
・親に対してどうアドバイスしたらいいだろうか？

3-1　専門的なサポートをどこで得たらいいか？

　子どもの行動に対する自分の認識や評価は適切なものか、親にどう対応するのがベストなのか、どのようなアドバイスができるのか、このようなことに確信が持てない場合は、教育や心理のほかの専門家にサポートを求める必要があります。外部の人と専門的な意見交換をすることで、自分の専門家としての立場や意見を見直すことができ、親に対応する際の自信にもつながります。こうすることで、親にどのように対応したらいいかはっきりしますし、子どもや家族にとってどのような支援が適切で必要なのか、ヒントを得ることができます。

ワンポイント・アドバイス
　ほかの専門家と交流する際に、親との守秘義務を守らなくてよくなるわけではありません。関係者や家族を特定できるような個人情報に触れずに、あなたの観察や見立て、家庭的背景や社会的背景を話す場合は、守秘義務に違反することにはなりません。

あなたが教員として、精神疾患のある親とその子どもへの対応について支援や助言を求めることができる専門家や機関は、地域や場所によって異なります。この問題について対応できる資格をもった専門家とすでに接点があることもあります。12)

　必要なときにできるだけ早く専門的な意見交換や相談ができるように、関係機関や各専門家としっかり連携を取っておくとよいです。教育相談所と連携を取っておくのが特に効果的なことがわかっています。教育相談所では、心理学、精神医学、家族療法、教育学など幅広い専門をもつ、心理学者、社会教育学者、心理療法士、ときには児童・思春期精神科医が働いています。この相談窓口の仕事は、子どもとその家族に治療的・教育的支援を提供するだけでなく、幼稚園や学校などのほかの機関とも協力することです。

　教育相談所にとって、ほかの機関との協力は通常業務の一部であるため、通常、保育園や幼稚園、学校で専門的なアドバイスをするための時間的余裕があります。専門的なアドバイスを、現場へ出向く出張相談窓口と組み合わせることができます。つまり、相談窓口のスタッフは、教員であるあなたの質問に答えるだけでなく、定期的に保育園や幼稚園、学校で、保護者のための相談時間を設けています。このような出張相談の利点は、保護者が相談窓口のスタッフと直接知り合いになり、子ども向けのサポートグループや家族面談の可能性など、具体的な支援に関する情報を得られることです。これまでの経験から、子どもの治療的・教育的支援を求めることに対する親の不安やためらいを、このような親に直接届く方法によって軽減できる場合が多いことがわかっています★11。

★11　日本では、市町村のこども家庭センターや保健センターで、妊娠期から18歳未満までの子どもとその家族の相談支援や家庭訪問を行っています。必要に応じて関係機関のケース会議も行います。保健所とも連携し、心理士が子どもの様子をみるため保育園に訪問することもあります。ほかには、子育て支援サービスの紹介、手当や保育園（所）等への申込み等、子どもに関わるさまざまなサービスの手続きを行っています。
児童相談所では、原則18歳未満の子どもに関する通告、また虐待の相談以外にも子どもの福祉に関するさまざまな相談を受けつけています。すべての子どもが心身ともに健やかに育ち、その力を最大限に発揮できるように家族等を援助し、ともに考え、問題を解決していく専門の相談機関です。児童福祉士・児童心理士・医師・保健師などの専門スタッフがいます。詳しくは、地域の児童相談所のホームページを参照してください。

3-2　協力からネットワーク作りへ

　親の精神疾患と子どものストレスが互いに影響し合っているのは、研究から明らかです。心理学では、親の病気と子どものストレスの間には循環関係があるといわれています。

・精神疾患は家族のストレスの引き金となり、特に子どもに負担をかけます。子どもは不安、心配、絶望、あきらめといった反応を示します。これらの感情は通常、罪悪感と混じり合い、ときには病気の親に対する怒りや憤りさえ伴います。さまざまな感情が幾重にも密接に絡み合うことで、子どもはひきこもったり、イライラや攻撃性が高まったりします。

・子どもたちのこの問題は、親のストレスに拍車をかけます。親としての責任を果たせないことへの不安や心配、罪悪感が増し、それが病気に悪影響を及ぼすこともあります。親の病気が悪化すれば、子どもたちのストレスや問題も増大します。

　家族はたいてい悪循環に陥り、そこに「閉じ込められて」しまうのです（右ページの図3参照）。

　親の病気と子どものストレスや発達における障害との間のこのような循環的な関係は、子どもだけでなく、精神疾患の親、親子の相互作用、家族のシステム全体を考えなければならないということを明示しています。この悪循環の中で自己強化的に問題がエスカレートするのを抑えるためには、子どもの側からも、病気をもつ親の側からも、パートナー（夫婦）の側からも、家族の相互作用の側からも、支援が必要です。現在の生活状況や家族全員のそれぞれのニーズに向き合い、家族システム全体を強化し、支えるような、さまざまな専門家による複合的かつ協調的な支援が必要だということは、現在、専門家も広く合意しているところです。

・子どもと家族のための効果的で持続可能な支援には、次のものが必要です。
　−支援には、病気の親の心理療法的治療の中で、本人が親として生活状況をどう認識しているかを含める必要があります。
　−支援には、病気の親の治療について、子どもがどう認識しているかを適切に含める必要があります。

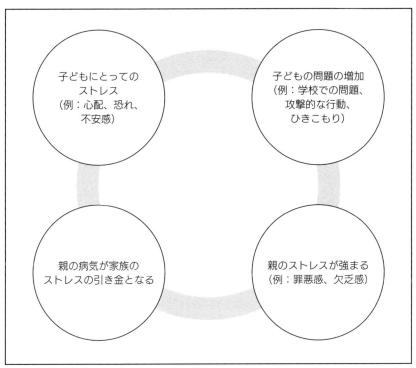

図3：病気の親がいる家庭における悪循環 8)

・精神療法的な助けに加えて、治療を必要とする子どもたちには、治療を必要としない家族の子どもたちと同様に、親の病気の経過や家庭のストレス、社会的ストレスに応じて、心理教育、家庭相談所［Familienberatung］★12、代理の親による支援、グループ活動、余暇活動、家族支援プログラムなどの予防的・教育的な（レジリエンスを促進する）支援を行う必要があります。

・子どもや家族に対する支援の必要性は、病気の経過や心理社会的ストレスによって異なります。

－病気の急性期には支援の必要性が高くても、安定期や健康な時期には支援やサポートの必要性がまったくないこともあります。

－そのため、子どもと家族への支援の種類と強度に関して高い柔軟性が求められ、家族に過剰な負担がかかっている状況や親の病気の急性期に

★12 児童相談所

は、迅速な危機支援が必要です。

　ストレスがかかっている家族に対して、個別のニーズに基づいた支援を導入するためには、さまざまな支援を連携させる必要があります。そのためには、それぞれのケースにあわせた協力が必要です。この協力は目的に合わせて連携・調整したもので、拘束力を持って維持し、必要に応じて広げていきます。内容面・専門面での調整がうまくいけばいくほど、子どもと精神疾患のある親への支援はより効果的なものとなります。

　適切な支援を保証するためには、青少年福祉制度と医療制度、特に成人の精神科と心理療法、児童・思春期精神科と心理療法の間で、しっかり協力し合うことが重要です。家族全体の支援を成功させるためには、この2つの支援制度の協力は不可欠です。8)

　青少年福祉制度と医療制度の協力がなぜ必要かというと、両者の目的が重なっているうえに、両者にはそれぞれ次のような任務とケアの義務があるからです。

・福祉国家の支援制度としての青少年福祉は、子ども、青少年、若者とその家族にとって好ましい生活条件を作り（§1 SGB VIII）、緊急事態や危機的状況において支援を提供することを目的としています。その焦点となるのは、子どもと青少年の利益とニーズです。児童・青少年福祉法（SGB VIII）は、子どもの福祉をうたっていて（§50 Abs.3 SGB VIII参照）、子どもの福祉が危険にさらされる場合、教育扶助や親権への国家介入をするための正当性が根拠づけられています★13。

・成人の精神科と心理療法ケアシステムの役割は、患者を治療し、サポートすることです。精神科・心理療法ケアシステムは、患者の病気、ニーズ、心配ごとに焦点を当てています。

・児童・思春期精神科と精神医療では、児童・思春期・青少年の精神・心身・神経疾患の診断と治療を行います。そのため、この領域は成人の精神科、一般精神療法、教育と接点があります。

・早期支援は、保健分野と児童・青少年福祉分野による予防を目指したサー

★13　日本の子どもの福祉については、児童福祉法に定められています。第2条で保護者が公の機関に相談し援助を求めた場合または児童の健全な育成のできない保護者を発見した場合に保護者を援助し、これらによっても保護者が児童の健全な育成をできないときは、保護者にかわって国や地方公共団体が直接児童の保護に当たるとされています。

ビスを組み合わせたものとなっています。この早期支援は、3歳までの子どもをもつ家族にとって重要な支援体制となっています。

近年、ドイツ全土の多くの都市や地域で、「精神疾患の親がいる子どもたち」のためのネットワークが設立されています。このようなさまざまなケースを包括した自治体間ネットワークの目標は、医療制度と青少年福祉制度の専門家同士の交流を促し、子どもと家族への支援サービスをコーディネートし、相互の情報不足や他機関の支援に関する条件について理解を深め、専門やケースについての共通理解を深めることです。これらの目標を達成するために、自治体のネットワークでは学術的な研修イベントが開催され、「円卓会議」、いわゆる「専門職間のQCサークル（クオリティーコントロールサークル）」が設置されました★14。

幼稚園や学校の教育関係者にとって、「精神疾患の親がいる子どもたち」のネットワークにはどのようなメリットがあるのでしょうか？　地域のネットワークに参加するのには次のようなメリットがあります。

・地域のさまざまな施設の業務に関する情報を得られる。医療分野や児童・青少年福祉分野での支援は非常に多様で、地域によって異なります。青少年局、教育相談所、早期支援センター［Frühförderstelle］★15、あるいは心理療法士や専門医などの専門職といった身近な信頼できる機関に加え、現在では早期支援分野の専門機関や相談所もあります。そのため、個々の機関の内容や専門的な方向性、強みを把握することがときにむずかしくなります。「精神疾患の親がいる子どもたち」のネットワークを利用すれば、それぞれの機関、スタッフの任務、権限を知ることができます。原則として、各施設で「精神疾患の親がいる子ども」の問題を担当するスタッフ、またはこの問題に深く関わっているスタッフがこのネットワークに参加しています。彼らと連絡を取ることで、問い合わせに答えてくれる担当者と関係を築くことができます。各機関の役割と権限について知ることは、それぞれの機関の限界に

★14　日本では、各都道府県や市町村で精神疾患の親をもつ子どもを含むヤングケアラーの相談・支援窓口が増えてきています。こども家庭センターや保健センター、医療機関などが連携しながら行う親子への支援が期待されます。

★15　早急な相談については、「児童相談所虐待対応ダイヤル『189』」にかけると近くの児童相談所につながります。

ついて知るのと同じくらい重要であり、ほかの機関が法的にどのようなことができると定められているのかを知ることも重要です。こういった知識を得ることで初めて、誤った期待を防ぎ、現実的なアセスメントを行うことができるからです。

・**各機関が提供するサービスに関する知識を得られる。**あなたの町や地域にある既存のサービスについて知識があれば、親に具体的な支援の選択肢を提示することができます。機関だけでなく、連絡先となる担当者の名前も伝え、仕組み、内部の流れ、登録手順、待ち時間なども説明できれば、精神疾患の親が子どものために支援を利用する後押しができます。機関が提供するサービスについて具体的な知識があれば、子どもの支援に関する親からの疑問に答えられるようになります。これによって、親の不安やためらい、懸念を払拭できることが多いです。

・**「精神疾患の親がいる子ども」というテーマに関する専門的な深い知識を得られる。**専門的な情報を互いに交換し、健康的な発達、レジリエンス、精神疾患などの個別のテーマを取り扱うことを通して、ネットワークでは専門的で深い知識を得る機会があります。精神疾患の親がいる子どもたちの状況、彼らのストレス、精神疾患が子どもたちや家族全体の成長に与える影響について、知識を得ることができます。このような背景知識があることで、子どもの行動変化に対するあなたの認識を、より自信をもって評価できるようになります。また、精神疾患や起こりうる行動についての考えが深まるため、自分の認識について親に話す後押しとなります。こういったネットワークでのミーティングでは、具体的な事例に基づいて子どもと精神疾患のある親への対応のむずかしさについて話し合ったり、事例に沿って協力体制を改善できないか考えたりするので、いわゆる匿名のケース・ディスカッションが頻繁に行われています。

・**専門職にコンタクトを取るよう励ましを得られる。**ほかの機関の専門職を個人的に知っていると、疑問や不明な点がある場合に、その専門職に頼ることへの敷居が低くなることが、調査からわかっています。青少年局や相談所のスタッフ、クリニックの医師、心理療法士と、ネットワーク会議を通じて個人的に面識があれば、質問をしたり、アセスメントを求めたり、具体的な助言を得たりするために電話をしやすくなります。ネットワークでの協力関係から、各機関の間でしっかりした合意や取り決めを行うことができます。

たとえば、定期的に教員に向けた専門的な相談会を行ったり、家族のために出張相談時間を設けたりするために、園や学校と相談所が協定を結んでいます。

　従って、園や学校にとっては「精神疾患の親がいる子どもたち」のネットワークに積極的に参加することがなによりも重要です。機関のスタッフが定期的にネットワーク会議に参加することで、初めて得ることがあります。参加者の顔ぶれが安定していることは、そのネットワークの中で、オープンで信頼できる関係を築くための重要な前提条件です。園や学校の教員が「精神疾患の親がいる子ども」というテーマに特に関心を持ち、専門職としてネットワークからの情報や専門的な内容を同僚に伝え、ほかの機関のスタッフとの橋渡し役を自ら担うことが成功の秘訣となります。つまり、ほかの機関のスタッフに対して自分が担当者として対応するときと同じように橋渡し役をするということです。

　あなたの町や地域に、「精神疾患の親がいる子ども」のためのネットワークがあるかどうか調べてみてください。これについては、地元の青少年局や保健福祉センター［Gesundheitsamt］★16 に問い合わせるのが一番です。

> **まとめ**
> ・自分の認識を確認し、親に適切なアドバイスができるように、個々の具体的なケースについては専門職の助言を求めましょう。
> ・しっかりした協定があると、個々のケースについて専門家に相談しやすくなるだけでなく、園で予約なしの相談時間を設けるなど、親向けの定期的な支援サービスを導入しやすくなります。
> ・地域の「精神疾患の親がいる子ども」のネットワークに参加することで、このテーマに関する深い知識を得ることができ、必要な支援の調整がしやすくなり、協定を結ぶ可能性が広がります。また、専門職同士が個人的にコンタクトを取ることで、新たな展望が開け、個々のケースで協力体制を作りやすくなります。

★16　日本では、市町村のこども家庭センターや保健センター、各地で増えつつあるヤングケアラー相談窓口に問い合わせてみてください。

付　録

参考文献

1) Mattejat, F. & Lisofsky, B. (Hrsg.) (2014). *Nicht von schlechten Eltern. Kinder psychisch Kranker* (4., korrigierte und ergänzte Auflage). Köln: Balance Buch + Medien.

2) Lenz, A. (2014). *Kinder psychisch kranker Eltern* (2., vollständig überarbeitete und erweiterte Auflage). Göttingen: Hogrefe.

3) Remschmidt, H. & Theisen, F.M. (2011). *Schizophrenie.* Berlin u. Heidelberg: Springer.

4) Lux, V. (2012). *Genetik und psychosoziale Praxis.* Fachmedien Wiesbaden: Springer VS Verlag für Sozialwissenschaften.

5) Beardslee, W.R., Versage, E.M. & Gladstone, T.R.G. (1998). Children of affectively ill parents: A review of the last 10 years. *Journal of the American Academy of Child and Adolescent Psychiatry,* 37, 1134-1141.

6) Mattejat, F. & Remscheid, H. (2008). Kinder psychisch kranker Eltern. *Deutsches Ärzteblatt,* 7, 312-317.

7) Goodman, S.H. (2007). Depression in mothers. *Annual Review of Clinical Psychology,* 3, 107-135.

8) Lenz, A. (2021). *Ressourcen fördern. Mentalisierungsbasierte Interventionen bei Kindern psychisch kranker Eltern und ihren Familien* (2., vollständig überarbeitete Auflage). Göttingen: Hogrefe. https://doi.org/10.1026/03006-000

9) Lenz, A. (2019). *Ressourcen psychisch kranker und suchtkranker Eltern stärken. Ein Gruppenprogramm zur Prävention von Kindesmisshandlung und -vernachlässigung.* Göttingen: Hogrefe. https://doi.org/10.1026/02816-000

10) Wortmann-Fleischer, S., Downing, G. & Hornstein, C. (2016). *Postpartale psychische Störungen. Ein interaktionszentrierter Therapieleitfaden.* Stuttgart: Kohlhammer.

11) Lenz, A. & Wiegand-Grefe, S. (2017). *Kinder psychisch kranker Eltern* (Leitfaden Kinder- und Jugendpsychotherapie, Band 23). Göttingen: Hogrefe.

12) Brockmann, E. & Lenz, A. (2016). *Schüler mit psychisch kranken Eltern. Auswirkungen und Unterstützungsmöglichkeiten im schulischen Kontext.* Göttingen: Vandenhoeck & Ruprecht. https://doi.org/10.13109/9783666402258.26

PsychotherapeutenVereinigung e.V. (2020). *Report Psychotherapie 2020.*
＊訳者註　Report Psychotherapie は、PsychotherapeutenVereinigung が毎年違うテーマで出しているレポート。2020 年のレポートは「ドイツで精神疾患に苦しんでいる人はどのくらいいるのか？　どの地域で、また、若者・高齢者、男性・女性のどちらが多いのか？　当事者のケアはどうなっているか？　治療にはどのような財源が使われているのか？」がテーマとなっている。以下の URL から無料でダウンロードできる。
https://www.dptv.de/fileadmin/Redaktion/Bilder_und_Dokumente/Wissensdatenbank_oeffentlich/Report_Psychotherapie/DPtV_Report_Psychotherapie_2020.pdf

［日本語訳が刊行されているドイツの絵本］

von Mosch, E. (2008). *Mamas Monster. Was ist nur mit Mama los?* Köln: Balance Buch + Medien.
『うつモンスターがやってきた——ママ、どうしたの？』
エルドムート・フォン・モッシュ作・絵、みやざきなおみ訳、2021 年、ラグーナ出版
リケは、母親が何日も寝ていて、リケや弟と遊んでくれないので、母親が怒っているのだと思っています。リケは、母親から「うつモンスター」がママの気持ちを盗んだから、お医者さんの助けを借りてモンスターを追い出さなければならないと説明され、母親の反応や、どうして引きこもっているかがよく理解できるようになりました。この絵本では、うつ病とはなにか、うつ病に対して何ができるかをわかりやすく説明しています。この絵本では、治療については病気の親が責任を負っていること、改善の兆しが見えるまで家族が非常に忍耐強くなければならないという事実に焦点が当てられています。

Homeier, S. (2006). *Sonnige Traurigtage. Ein Kinderfachbuch für Kinder psychisch kranker Eltern.* Frankfurt: Mabuse.
『悲しいけど、青空の日——親がこころの病気になった子どもたちへ』
シュリン・ホーマイヤー文・絵、田野中恭子訳、2020 年、サウザンブックス
この本は 3 部構成で、前半は絵本になっています。第 1 部は、小学生のモナとうつ病のお母さんのお話です。モナの母親は、「悲しい日」にはとても体調が悪く、悲しくて、モナの面倒をみることができなくなります。そのためモナは、買い物、掃除、母親の世話など、いろいろなことをしなければなりません。第 2 部では、モナが知ったこととして、精神疾患のことや母親をどう助けたらいいのか、そしてモナ自身もどこでサポートを受けることができるのか、悲しい日のための緊急プランがどうして大事なのかなどを子どもであるモナ自身がわかりやすく説明します。また、読者に直接質問を投げかけることで、子どもは自分の状況を話せるような内容になっています。第 3 部では、精神疾患の親がいる子どもやその家族の生活がどのような状況なのかを親や身近にいる大事な役割を果たす大人に伝え、子どもたちをどうサポートしていったらいいか、貴重な示唆を与えてくれています。

［ドイツで刊行されている絵本］

Gliemann, C. & Faichney, N. (2014). *Papas Seele hat Schnupfen.* Karlsruhe: Monterosa.
ネレはサーカス一家の子です。彼女の家族は代々、世界一の綱渡り芸をしています。ところが、ネレのお父さんはうつ病になりました。すべてがキラキラして幸せなこの世界の中

で。いつも強かったネレのお父さんは、ネレの目の前で、そして世界中の人々の目の前で、弱っていきます。ネレはそんなお父さんを恥ずかしいと思い、怒って、気の毒に思い、友人たちはどう思っているのだろうかと考えます。彼女には答えのないたくさんの疑問があります。パパのことではママも悲しんでいるから、ママには聞けません。幸いなことに、サーカスの団員のおバカなオーガストさんがネレに、どうしてお父さんがこんなに悲しいのか説明して、魂が鼻風邪をひいてしまうことだってあるのだと話してくれます。

Gliemann, C. & Faichney, N. (2022). *Papas Seele hat Schnupfen. Ein Muffin für Nele*. Karlsruhe: Monterosa.
精神医学の世界を発見する旅の本。ネレの父親は再び体調が悪くなり、2度目の入院を余儀なくされます。ネレと父親は互いに手紙を書き、家族はクリニックにいる父親のお見舞いに行き、父親はクリニックでの日常生活についてネレに話してくれます。クリニックでなにをしているのか、どんな患者がいるのか、そこでどんなふうに病気を治療しているのかなど、精神疾患のことについて話してくれます。ネレのサーカスでの相棒、お猿のコロンブスもまた、クリニックで発見の旅に出ます。

Maleki, A., Beham, F., Böning, M., Korfmacher, A.-K., Stracke, M. & Wangenheim S. (2019). *Dunkle Farben im Wunderwald*. Göttingen: Hogrefe.
鳥のアヴィと、その親友ゴブリンのムリのお話。2人は不思議の森に住み、一緒に森の学校に通っています。しかし、ある日を境にムリの様子がなんだかおかしいのです。アヴィは友だちに何が起こっているのかわからなくて、2人は大喧嘩をします。担任のボレ先生のおかげで、ムリは心を開きます。ムリは父親のことが心配だと話しました。父親の具合がとても悪くて、いったいどうしてしまったのか、ムリにはわからないのです。ボレ先生と、気持ちの専門家フクロウさんの助けを借りて、2人は精神疾患とはなんなのか、そして精神疾患がムリの父親の感情、思考、行動に影響を及ぼすことを知ります。

Wunderer, S. (2010). *Warum ist Mama traurig?* Frankfurt: Mabuse.
この絵本は、小さな羊のリリーと、突然とても悲しい気持ちになったリリーのお母さんのお話を、シンプルで短い文章で描いています。リリーのお母さんに助けが必要だと気づいた友だちのおばあちゃんのおかげで、羊のリリーのお母さんはセラピーを受けはじめます。リリーは、またお母さんが一緒にいられるようになるまで、友だちのところで暮らすことになりました。この絵本では、子どもの心配や疑問が繊細に取りあげられており、病気の親は助けられること、そして子どものせいで病気になるわけではないということがはっきり描かれています。

Tilly, C. & Offermann, A. (2012). *Mama, Mia und das Schleuderprogramm. Kindern Borderline erklären*. Köln: Balance Buch + Medien.
この本は、境界性パーソナリティー障害を患っている親がいる、6歳以上の子どもを読者対象としています。主人公ミアは母親に腹を立てています。母親がいつも電話をしていて、悲しんだり、自傷行為をしているからです。ミアは「どうしたんだろう?」と思っています。母親のセラピストはミアに、ママの感情が洗濯機の中の洗濯物のように激しく渦

巻いているせいで、自分の一つひとつの感情がわからなくなっちゃっているのだと説明します。洗濯機の脱水プログラムが止まって初めて、ママは洗濯物を並べるようにして、自分の気持ちを整理することができるのです。愛情をこめて描かれた本の中で境界性パーソナリティー障害の病気のイメージが非常にわかりやすく説明されており、子どもは親の行動を理解したいと願っていること、怒りや不安といった自分の気持ちを出していいんだということ、また、たとえいつも表現できないとしても、病気の親が子どもを愛しているのだということが描かれています。

Trostmann, K. & Jahn, R. (2010). *Der beste Vater der Welt.* Köln: Balance Buch + Medien.
この絵本はニックと父親について描いたものです。大好きな父親が突然、おかしくて奇妙な行動をとりはじめ、ニックは怖くなります。早めに助けを求め、友人たちが家族を支えてくれるのはよいことだというのが、この絵本のテーマです。人生も、幸せも、病気も、人それぞれ違うという理由で、この本は完全には完成していないし、全部のイラストにきれいに色が塗ってあるわけでもありません。この本には、絵を描いたり、落書きをしたり、このお話でほかになにが起こり得るかについて、自分自身の考えを書いたりするスペースが用意してあります。家族が子どもの様子について話し合うことも大切です。そのとき、この絵本が支えになります。

［ドイツの冊子］

Bundesverband der Angehörigen psychisch erkrankter Menschen（BApK）e.V.（Hrsg.）(2009). Jetzt bin ich dran ⋯ Informationen für Kinder von 8 bis 12 Jahren mit psychisch kranken Eltern. Bonn: BApK.
資料のダウンロードは以下の URL から。
▼
https://www.bkk-dachverband.de/fileadmin/user_upload/BApK_Jetzt_bin_ICH_dran.pdf

Bundesverband der Angehörigen psychisch erkrankter Menschen（BApK）e.V.（Hrsg.）(2009). It's my turn. Informationen für Jugendliche, die psychisch kranke Eltern haben. Bonn: BApK.
資料のダウンロードは以下の URL から。
▼
https://www.bkk-dachverband.de/fileadmin/user_upload/BApK_It_s_my_turn_Final.pdf

Bundesverband der Angehörigen psychisch erkrankter Menschen（BApK）e.V.（Hrsg.）(2009). Nicht von schlechten Eltern ⋯ Informationen für psychisch kranke Eltern und ihre Partner. Bonn: BApK.
資料のダウンロードは以下の URL から。
▼

https://www.bkk-dachverband.de/fileadmin/user_upload/BApK_Nicht_von_schlechten_Eltern.pdf

www.bag-kipe.de
精神疾患のある親の子どもたちと、その支援者が連携・交流することを目的とした団体のサイト。支援機関や自助グループの情報が豊富。

www.bke.de
さまざまな教育関係の相談を匿名で専門家にできるようにした相談所。青少年や保護者の支援を包括的に行う。

www.bapk.de
自助グループや支援サービス、さまざまな情報を探すためのプラットフォームを提供する、家族に精神疾患を患う人がいる当事者団体。自身も当事者として経験豊富な相談員が、電話やメールで個別に対応もする。

www.schatten-und-licht.de
周産期精神保健をテーマとしたドイツにおける自助組織。カウンセリングやセラピーを提供する専門家リストが充実。

www.marce-gesellschaft.de
1980 年にイギリスで結成された周産期精神保健の国際的な学会のドイツ部会。妊娠・出産に関連した精神疾患のケアと研究がテーマ。母子支援センターの住所リストも充実している。

www.netz-und-boden.de
精神疾患のある親の子どもたちのためのサイト。親の病気の症状やそれに伴って子どもたちが抱える問題に関する情報を掲載。問い合わせフォームから専門家に相談を依頼できる。地域で支援するための計画づくりもサポート。

［日本の絵本］

「家族のこころの病気を子どもに伝える絵本シリーズ」
プルスアルハ 著、細尾ちあき お話と絵、北野陽子 解説、2012 ～ 2014 年、ゆまに書房
『ボクのせいかも… ―お母さんがうつ病になったの―』〔1 巻〕
主人公のスカイは、元気のないお母さんのようすに「ボクのせいかも…」とこころを痛めています。この絵本は、子どもが読んで「ボクのせいじゃないんだ」と安心できるように、

いっしょに読む大人の方には、「キミのせいじゃないよ」と伝えるために必要なことが書かれています。活用のための解説つき。

『お母さんどうしちゃったの… ─統合失調症になったの・前編─』〔2 巻〕
「近所の人が悪口を言ってるわ…」。お母さんの以前とはちがうようすに、主人公のホロはとまどいます。お母さんは統合失調症という病気で入院します。「どうなっちゃうんだろう…」。不安なホロに話をしてくれたのはお父さんでした。病気でちがうお母さんみたいになってたことがわかりホロは少し安心します。そうして、お母さんの退院の日がやってきました。活用のための解説つき。

『お母さんは静養中… ─統合失調症になったの・後編─』〔3 巻〕
お母さんが退院してきました。休んでいることが多くて、前のように家事をするのは大変そう…。「お母さんの静養中っていつまでつづくのかな…」とホロはちょっぴり不安です。週に一度、ゆらお姉さんが手伝いに来てくれます。ホロも少しずつ仲良しになります。ひさしぶりのお母さんとの買い物の前に、ホロは勇気を出してゆらお姉さんにたずねます。活用のための解説つき。

『ボクのことわすれちゃったの？─お父さんはアルコール依存症─』〔4 巻〕
アルコール依存症はとても身近な病気です。そして家族全体をまき込みやすい病気です。主人公ハルの視点から、家族が回復の一歩をふみだすまでを描きます。活用のための解説つき。

『こころにケガをしたら──トラウマってなんだろう？』
プルスアルハ 著、細尾ちあき 絵、犬塚峰子 原案・解説、2023 年、ゆまに書房
子どもといっしょにトラウマを学び、いっしょに取り組む絵本。自分ではどうすることもできないようなこわい経験をすると、こころにケガをすることがあります（トラウマ体験）。この絵本では、自分がおかしくなってしまったのかな……と感じながら、だれにも言えずに辛い思いをして過ごしている、主人公ジュンの物語を通して、「こころのケガ」についてそのしくみや対応などをくわしく紹介していきます。

『ゆるっとこそだて応援ブック』
細尾ちあき 文と絵、2020 年、NPO 法人ぷるすあるは
精神疾患などのさまざまな事情の中での子育てを応援。どんな親御さんにも使えるヒント集。

『生きる冒険地図』
プルスアルハ 著、細尾ちあき 文と絵、2019 年、学苑社
子どもが、毎日を生きるための知恵と、勇気の出るメッセージが詰まった本です。大人には気づきにくい、日常生活の知恵からリスク回避方法まで指南します。 全ページ手書きの書き下ろし。

『きょうのお母さんはマル、お母さんはバツ——双極性障害の親をもつ子どもにおくるメッセージ』
肥田裕久 監修、雨こんこん 文、はにゅうだゆうこ 絵、2017 年、星和書店
子どもが親の病状を自分のせいだと思って傷ついたり、自尊心を低下させたりすることを防ぐためには、病気についての正しい理解が不可欠。子どもの視点からみた物語になっている本書は、子どもにとって親しみやすく、この病気についても理解しやすくなっています。困ったときには SOS を出すこと、どのようにしたら支援を得ることができるかを具体的に示しています。

『かぞくがのみすぎたら』
リチャード・ラングセン 著、ニコール・ルーベル 絵、伊波真理雄・谷口万稚 監修、久松紀子 訳、2017 年、サウザンブックス
家族の誰かが飲み過ぎているのが通常となっている場合に見られる典型的な問題行動や、家族に与える影響をわかりやすく説明しながら、怒りや悲しみ、憎しみなどさまざまな感情を持つことは自然なことと説く絵本。

『お母さん、お父さんどうしたのかな？』
トゥッティ・ソランタウス 著、アントニア・リングボム イラスト、上野里絵 訳、2016 年、東京大学出版会
こころの病気を抱えている親をもつ子ども（12 歳〜 20 歳くらい）に向けて書かれています。なぜこころの病気になるの？　親のためにできることはある？　親の病気は私（僕）のせい？……など、子どもの疑問に答えながら、自分の人生を大切にしてよいというメッセージを伝えます。

『子どもにどうしてあげればいい？』
トゥッティ・ソランタウス 著、アントニア・リングボム イラスト、上野里絵 訳、2016 年、東京大学出版会
うつ病などのこころの病気を抱えている親に向けて書かれています。親のこころの病気は子どもにどんな影響を及ぼしているのか？　うちの子どもは専門家の支援を必要としているのか？　親には何ができるのか？……など、親からよくある質問に答え、子どもを手助けするための方法を伝えます。

『どうしてそんなにかなしいの？——親がうつ病になったとき』
ベス・アンドリューズ 作、ニコール・ウォング 絵、上田勢子訳、2007 年、大月書店
親がうつ病にかかると、子どもは混乱し、つらい感情を抱きます。本書は、やさしい文と絵でうつ病について解説し、子どもが自分の気持ちを受け止められるように伝えます。親やカウンセラーと読んで、話しあったり、親子間のコミュニケーションに役だててください。親がうつ病をどう説明したらよいかもわかります。

精神疾患の親をもつ子ども向けパンフレット「CAMPs ～あなたの大切な時間」
https://camps-t.com/link/
精神疾患の親がいる子ども向けに4つの大切なこと「知ること」「話すこと」「子どもの集まりに参加してみること」「自分を大切にすること」について、同じ子どもの立場からのメッセージと合わせて掲載しています。
資料のダウンロードは以下の URL から。
▼
https://camps-t.com/its-your-time/book/

＊　＊　＊

日本の支援機関

　　相談支援機関は住んでいる市区町村により名称や支援内容が異なります。ホームページで自分の困りごとに応じてくれそうな係を探したり、役所の総合窓口で相談内容を伝えてどこに行ったらよいか問い合わせてみてください。

■子育てや子どもの家庭生活に関する相談窓口
・市区町村 こども家庭センター（児童福祉法の改正により 2024 年 4 月～開始）
　（「子育て支援課」や「子ども課」など、ほかの名前の地域もあります）
　妊産婦や 18 歳未満の子どもとその家族の相談支援、子育て支援サービスの紹介等を行っています。児童手当や保育園（所）への申込等、子どもに関わるさまざまなサービスの手続き等も行っています。次の保健センターがこども家庭センターの役割を担っているところもあります。
・市区町村 保健センター 母子保健係
　18 歳未満の子どもの育成支援と妊娠期から親や保護者への子育て支援を行っています。保健師や保育士等の専門職が相談に応じています。電話や窓口での相談だけでなく、家庭訪問も行います。
　親に精神疾患がある場合は、精神保健福祉係や保健所の精神保健係と連携して、治療や療養生活の支援をします。また生活保護や地域の支援サービスなどについても紹介します。

■子ども、子育て支援サービス
　上記の窓口で相談のうえ、以下のサービスや地域独自のサービスを紹介、手続きを行います。
　▶育児支援ヘルパー（家事や育児を支援）
　▶子育て短期支援事業（子どもショートステイ）
　　親子が分かれて休息（レスパイト）するだけでなく、2024 年 4 月から親と子どもが

ともに入所・利用でき、子育てを学ぶ機会を提供する施設も増えていく予定です。
　▶子育て援助活動支援事業（ファミリー・サポート・センター事業）
　　保育園や習いごとの送迎や保育園終了後から保護者が帰宅するまでの子どもの一時預かり、保護者の用事による子どもの一時預かりなどを行います。住んでいる地域により内容は異なります。

■家や学校以外の地域にある子どもの居場所
　放課後児童クラブ（児童館ほか）、青少年の居場所（青少年活動センターほか）、そのほかに民間団体が運営する子ども食堂、子どもシェルターなどがあります。

■精神疾患・障害のある人、その子どもを含む家族からの相談窓口
・保健所の精神保健福祉係
　精神疾患・障害について本人や家族、周囲の人からの相談窓口です。精神保健福祉士や保健師等がいます。状況に応じて家庭訪問もします。定期的に精神科医による無料相談を行っている地域も多いです。
・市区町村の保健センター　精神保健福祉係
　精神保健福祉に関する相談、精神障害者のサービス（家事援助、外出支援、就労支援、リハビリテーションなど）、各種手当や医療費助成についての相談ができます。
・精神科医療機関の家族相談窓口
　親が入院や受診をしている病院で家族相談窓口を設置しているところもあります。
・精神障害者家族会
　精神障害者本人と家族が安心して暮らせるように、さまざまな活動、交流、相談、情報発信等をしています。家族自身が運営していることが多く、家族の経験や参考になる情報を得やすいです。全国各地域に家族会があります。

■子ども、ヤングケアラーからの相談窓口
・各都道府県や市のヤングケアラー相談窓口
　精神疾患・障害をもつ親がいる子どもの相談窓口です。20歳以降の子どもの立場の人からの相談に応じている地域も多いです。子ども自身の家庭、学校生活の困りごとを聞き、必要な支援につないだり紹介したりしています。
・市区町村のこども家庭センターや保健センター母子保健係
　前述の各センターでも子どもからの相談を受けて、必要な支援につなぎます。
・精神疾患の親をもつ子どもが集まる団体、精神障害者家族会
　精神疾患の親をもつ子どもの集いが各地で増えています。同じ立場の人同士で、どこで必要な支援が受けられるかを分かち合うこともあります。また、子どもからの相談を受けている精神障害者家族会もあります。（CAMPs URL:https://camps-t.com/ 参照）
・児童相談所
　子どもの人権を守るための機関です。子どもとその家庭の相談を受け、地域の関係機関と協力して子どもにとってよいと考えられる支援を行います。子育てがむずかしくなったときの相談にも応じています。

＊著者略歴＊
Prof. Dr. アルベルト・レンツ
ドイツ・ミュンヘンで心理学・社会学・教育学を学ぶ。1994年から2017年まで、パーダーボルンのノルトライン＝ヴェストファーレン州カトリック大学社会福祉科で臨床心理学と社会心理学の教授を務める。ノルトライン＝ヴェストファーレン州カトリック大学の健康研究および社会精神医学研究所（igsp）の共同創設者。ドイツ連邦保健省（Bundesministerium für Gesundheit）の専門機関である連邦健康啓発センター（Bundeszentrale für gesundheitliche Aufklärung）から出ている早期支援シリーズの無料オンライン資料のひとつ、「精神疾患の親を早期予防・早期支援するための資料」を作成。以下のURLから無料でダウンロードできる。
https://shop.bzga.de/eltern-mit-psychischen-erkrankungen-in-den-fruehe-hilfen-16000185/
主な研究テーマは、精神疾患の親がいる子ども、精神医学と青少年福祉の連携、エンパワーメントとソーシャルネットワーク、心理社会的カウンセリングと危機介入。

＊訳者略歴＊
宮崎直美（みやざきなおみ）
慶應義塾大学法学部法律学科卒業ののち、一橋大学社会学研究科修士課程修了。専門はドイツ政治思想史。パウル・ティリッヒとエルンスト・ブロッホの思想を比較した論文にて2018年にPater Johannes Schasching SJ-Preisを受賞。翻訳書に『精神の自己主張──ティリヒ＝クローナー往復書簡 1942–1964』（未來社・共訳）、『うつモンスターがやってきた！──ママどうしたの？』（ラグーナ出版）、『キツネくんのひみつ──ゆうきをだしてはなそう』（誠信書房）などがある。

＊監修者略歴＊
田野中恭子（たのなかきょうこ）
佛教大学保健医療技術学部看護学科准教授。精神障害者の家族、特にその子どもに関する研究、支援を行う。CAMPs（精神疾患の親をもつ子ども支援団体）代表、京家連（京都精神保健福祉推進家族会連合会）にて精神疾患の親をもつ子どもの個別相談担当。NPO法人ぷるするあるは製作の動画「親が精神障害 子どもはどうしてんの？」に参加している。翻訳・著書に『悲しいけど、青空の日──親がこころの病気になった子どもたちへ』（サウザンブックス）、『ケアの実践とは何か──現象学からの質的研究アプローチ』（ナカニシヤ出版）などがある。

親の精神疾患とともに生きる子どものレジリエンスを高めるために
──家庭、地域、保育・教育現場でできること

2024年5月27日　初版第1刷発行

著　者　アルベルト・レンツ
訳　者　宮崎直美
監修者　田野中恭子

発行者　竹村正治
発行所　株式会社 かもがわ出版
　　　　〒602-8119　京都市上京区堀川通出水西入
　　　　TEL 075-432-2868　FAX 075-432-2869
　　　　振替　01010-5-12436
　　　　https://www.kamogawa.co.jp
印刷所　シナノ書籍印刷株式会社
ISBN978-4-7803-1325-3　C3011　Printed in Japan